2018年四川省社科规划后期资助项目"供给侧改革背景下我国西部地区新能源产业发展研究"（编号：SC18H015）
2017年西南石油大学人文社会科学科研专项基金项目"基于供给侧视角的我国新能源产业集群发展模式与机制研究"（编号：2017RW027）
西南石油大学新能源产业发展与政策创新青年科技创新培育团队（编号：2017CXTD013）

供给侧改革背景下我国西部地区新能源产业发展研究

GONGJICE GAIGE BEIJING XIA
WOGUO XIBU DIQU
XINNENGYUAN CHANYE FAZHAN YANJIU

庞敏·著

四川大学出版社

项目策划：梁　平
责任编辑：梁　平
责任校对：孙滨蓉
封面设计：璞信文化
责任印制：王　炜

图书在版编目（CIP）数据

供给侧改革背景下我国西部地区新能源产业发展研究 / 庞敏著. — 成都：四川大学出版社，2019.8
ISBN 978-7-5690-2942-0

Ⅰ.①供… Ⅱ.①庞… Ⅲ.①新能源－产业发展－研究－中国 Ⅳ.①F426.2

中国版本图书馆CIP数据核字（2019）第150928号

书　名	供给侧改革背景下我国西部地区新能源产业发展研究
著　者	庞　敏
出　版	四川大学出版社
地　址	成都市一环路南一段24号（610065）
发　行	四川大学出版社
书　号	ISBN 978-7-5690-2942-0
印前制作	四川胜翔数码印务设计有限公司
印　刷	成都国图广告印务有限公司
成品尺寸	170mm×240mm
印　张	10
字　数	188千字
版　次	2019年11月第1版
印　次	2019年11月第1次印刷
定　价	48.00元

版权所有 ◆ 侵权必究

◆ 读者邮购本书，请与本社发行科联系。
　电话：(028)85408408/(028)85401670/
　(028)86408023　邮政编码：610065
◆ 本社图书如有印装质量问题，请寄回出版社调换。
◆ 网址：http://press.scu.edu.cn

四川大学出版社
微信公众号

前　言

在我国广袤的西部地区，资源禀赋充足，传统能源带动了西部地区资源型城市经济的快速增长。随着我国经济发展步入新常态，西部地区也进入了增速换挡期、结构调整阵痛期和前期刺激政策消化期的"三期叠加"阶段，社会发展与能源资源、生态环境之间的矛盾也越来越凸显。传统能源存量减少、经济结构单一、环保压力增大、城市雾霾严重等问题，使西部地区发展面临着更大的挑战。加快新能源产业的发展已经成为西部能源领域的关键要务。

党的十八大报告中习近平总书记提出推动"能源革命"，支持"新能源产业的发展"，建设"资源节约型和环境友好型社会"。党的十九大报告中习近平总书记再次提出推进"能源生产和消费革命"，构建"清洁低碳、安全高效的能源体系"。增加天然气供应，完善风能、太阳能、生物质能等新能源发展扶持政策，提高清洁能源比重，逐步削减高污染、不可再生资源比例，建立以新能源为主的能源体系，既是淘汰落后产能、加快能源革命、驱动供给侧改革、实现经济转型的主要推动力，更是改善环境、实现可持续发展的重要途径。2018年深化供给侧结构性改革促进结构优化升级，能源行业需要提质增效。能源供给侧改革在供给侧结构性改革中占据重要地位。能源供给侧改革本质上就是改革能源供给结构和供给质量，实现能源供给从量到质的转变；核心在于以高碳能源低碳发展、黑色能源绿色发展为原则，依靠能源体制改革和能源技术创新双轮驱动，不断培育和催生新的能源形态，提升传统能源的绿色清洁供应能力。在当前能源消费增长减速换挡、结构优化步伐加快、发展动力开始转换的新常态下，我国能源发展方式要从粗放式发展向提质增效转变，能源工作方式要从审批项目为主向推进改革和技术创新转变，必须创新能源体制机制，大力推进能源供给侧结构性改革。

我国西部地区新能源资源种类多样，储量丰富，有风能、太阳能、地热能、生物质能以及煤层气、页岩油气等多种非常规油气资源，目前的勘探程度和总体利用水平低，具有巨大的可供勘探开发潜力。改变西部地区长期处于"欠发达"的境地，大力发展新能源产业，是西部地区发扬自身优势、开创新的发展模式、实现基于历史积累和时代机遇的跨越式发展的重要突破口。但是目前西部地区新能源产业比较分散，产业化程度不高，产业关键核心技术及优势产品的研发能力较弱，产学研用结合不够紧密，促进成果转化和产业化的体制机制亟需完善，鼓励风电和光伏发电依靠技术进步降低成本、加快分布式发展的机制尚未建立，可再生能源发展模式多样化受到制约。如何保持新能源产业的持续稳定增长、扩大新能源产业规模成为亟待解决的问题。

筚路蓝缕，以启山林。我们一方面要深深扎根于四川乃至中国新能源产业发展的丰富实践，另一方面更要理性地、深入地反思新能源产业的过去，审视新能源产业的现在，展望新能源产业的未来。本书将目光聚焦于能源供给侧改革背景下西部地区新能源产业发展，对风能、太阳能、生物质能等新能源产业发展进行阶段性评价，把脉未来发展。通过深入调研与探索新能源产业链发展现状与问题，对新能源产业集群形成的影响因素进行提炼，对新能源产业集群进行科学定位。基于逻辑斯蒂增长曲线和生命周期理论，开展"新能源企业、大学和科研主体、政府"三个生态圈创新主体在中介服务机构搭桥下的重叠式螺旋互动，基于"供应链"整合、"技术创新"模仿扩散、"产学研"协同、"制度创新"保障的"四式一体"集群发展模式，最终建立起一个由政府主导，企业和科研机构推进，政产学研协同并进，由多方主体共同参与的产业创新集群发展模式。基于价值链和集群网络等理论，绘制出四川省新能源产业发展路径图，建立"双源联动、四驱平台"的产业集群发展运行管理模式。研究新能源产业发展路径的国际共性，从技术层面、立法角度、政策调整等方面探寻国别之间的个性差异与启示，以此提出规划战略，以四川省为例，描绘西部地区新能源产业发展的未来蓝图。

新能源产业发展不仅关系到整个西部大开发的成效和经济协调发展问题，还承担着国家能源调整的重任。本书将理论研究与实际研究相结合，以新能源产业发展为着眼点，构建供给侧改革下的新能源产业集群发展路径，建立新能源发展的长效机制，促进新能源开发与利用，推进能源革命的进程。

庞　敏

2019 年于西南石油大学

目　录

改革与构想：供给侧结构性改革与新能源产业发展……………………（1）
　　第一节　供给侧结构性改革推动能源革命………………………………（1）
　　第二节　新能源产业发展的时代蓝图……………………………………（4）

第一章　脉络与评判：新能源产业发展的阶段性评价……………………（7）
　　第一节　风电产业发展的阶段性评价……………………………………（7）
　　第二节　光伏产业发展的阶段性评价……………………………………（12）
　　第三节　生物质能产业发展的阶段性评价………………………………（17）
　　第四节　新能源汽车产业发展的阶段性评价……………………………（22）
　　第五节　核能产业发展的阶段性评价……………………………………（29）
　　第六节　页岩气产业发展的阶段性评价…………………………………（34）

第二章　剖析与思考：西部地区新能源产业发展现状与问题……………（40）
　　第一节　风能产业链的现状………………………………………………（40）
　　第二节　太阳能产业链的现状……………………………………………（45）
　　第三节　生物质能产业链的现状…………………………………………（51）
　　第四节　核电产业链的现状………………………………………………（55）
　　第五节　新能源汽车产业链的现状………………………………………（58）
　　第六节　页岩气产业链的现状……………………………………………（61）
　　第七节　新能源产业发展存在的问题及原因分析………………………（65）

第三章　开拓与布局：西部地区新能源产业集群发展模式与路径研究…（70）
　　第一节　西部地区新能源产业顶层设计…………………………………（70）
　　第二节　西部地区新能源产业集群发展具体模式与路径………………（72）

第四章 革新与突破：西部地区新能源产业发展技术创新研究……（82）
第一节 西部地区新能源技术发展阶段……（82）
第二节 西部地区新能源技术创新与产业化应用……（84）
第三节 国外新能源产业技术创新经验借鉴……（103）
第四节 西部地区新能源产业技术创新建议……（104）

第五章 支撑与调整：西部地区新能源产业发展财税政策研究……（109）
第一节 财税政策助推西部地区新能源产业发展……（109）
第二节 新能源产业税收政策……（113）
第三节 西部地区新能源产业发展的财政补贴……（122）

第六章 愿景与宏图：西部地区新能源产业发展前景
——以四川省为例……（135）
第一节 四川省新能源产业开发情况分析……（136）
第二节 四川省新能源产业未来发展目标……（139）
第三节 促进四川省新能源产业发展路径与措施……（143）

参考文献……（148）

后　记……（150）

改革与构想：供给侧结构性改革与新能源产业发展

当前，中国经济已进入新常态，"十三五"规划正在稳步推进，供给侧改革也进入了深化和攻坚阶段，对国民经济的一些重要行业和能源领域产生了重大影响。基于供给侧改革的总体背景，在绿色可持续发展的理念下，展望中国新能源经济形势，西部作为中国新能源资源富集区，必须响应国家政策，承担新能源产业发展的重任，积极大力发展新能源产业。

第一节 供给侧结构性改革推动能源革命

随着经济的高速发展，我国已经成为世界上最大的能源生产国和消费国，传统能源生产和消费模式已难以适应当前形势。在我国经济进入增速换挡、资源环境约束趋紧的新常态下，一场加快能源产业转型升级、打造新能源产业发展的能源革命蓄势待发。2014年12月，中央经济工作会议从消费需求、投资需求、出口和国际收支、生产能力和产业组织方式、生产要素相对优势、市场竞争特点、资源环境约束、经济风险积累和化解、资源配置模式和宏观调控方式等方面阐述了新常态的九大特征。在能源领域，由于我国拥有大量的煤炭资源，因此在目前的能源消费结构中煤炭占据了相当大的一部分比重，清洁能源的占比还有待进一步的提高。结合发达国家的发展经验和我国长远的发展目标来看，只有降低煤炭消费比例，优化能源消费结构，才能促进国家高效可持续的发展。美国是兴起能源产业变革较早的发达国家，早在20世纪七八十年代，美国就已经利用太阳能、风能、页岩气等新能源对美国的能源行业布局进行了优化提升。欧洲国家在新能源产业的发展上，虽起步相对美国较晚，但发展极为迅速，以英、法、德为代表的欧洲国家拥有极强的产业环保发展理念，它们在核电、水电等新能源产业发展中都取得了较大的成效。近年来，荷兰风电及海上潮汐发电的突然崛起，引发了全球的关注，并且这可能预示着能源革命的新方向。"能源新常态"具有能源需求总量增速放缓、结构加速转型，能源效率提升和能源消费结构低碳化、清洁化等重要特征。

经济新常态后，单单靠需求侧发力难以加快经济增长，为了全面提升我国经济的质量与效益，2015 年中央经济工作会议首次提出"供给侧改革"。供给侧结构性改革是通过创新供给结构引导需求的结构调整与升级，扩大总需求。同时，去产能、去库存、去杠杆、降成本、补短板，从生产领域加强优质的供给，减少无效的供给，并扩大有效的供给，使供给结构的适应性和灵活性有所提高，全要素生产率有所提高，从而使供给体系更好地适应需求结构的变化。供给侧结构性改革的根本目的在于提高生产力水平，落实好以人为本的发展理念，更好地与市场导向相协调，充分发挥市场在配置资源方面的决定性作用。

在当前能源消费增长减速换挡、结构优化步伐加快、发展动力开始转换的新常态下，我国能源发展方式要从粗放式发展向提质增效转变，能源工作方式要从审批项目为主向推进改革和技术创新转变，必须创新能源体制机制，大力推进能源供给侧结构性改革。能源供给侧改革是在改变传统能源消耗模式，通过实现"三去一降一补"五项任务优化能源结构，提高供应效率。其本质上就是改革能源供给结构和供给质量，实现能源供给从量到质的转变；核心在于以高碳能源低碳发展、黑色能源绿色发展为原则，依靠能源体制改革和能源技术创新双轮驱动，不断培育和催生新的能源形态，提升传统能源的绿色清洁供应能力。为此，能源供给侧改革应做到：第一，对能源结构进行调整与优化。抓住当前能源供需缓和的有利时机，进行合理布局，着力建设一批建设周期长、对优化能源结构和拉动社会投资作用大的重大能源项目。适度加快大中型水电站建设，稳妥推进核电项目建设，保护好极为稀缺的核电厂址资源。稳步发展风电、太阳能发电，推动光热发电示范项目建设，加快地热能、生物质能发展，加大页岩气、煤层气、海上油气勘探开发力度，增强绿色发展后劲。大力推进分布式能源发展，开展海洋可再生能源开发利用示范工程，鼓励发展海洋能与风能、光伏互补型的新能源微电网。第二，对煤炭行业和煤电过剩产能进行化解。落实国务院《关于煤炭行业化解过剩产能实现脱困发展的意见》，力争用三到五年时间，退出产能五亿吨左右，减量重组五亿吨左右。严格进行煤炭新增产能的控制，降低煤炭消费比重，重点实施煤炭清洁高效利用。严格控制煤电新开工规模，取消一批不具备核准条件的项目，暂缓一批煤电项目核准，缓建一批已核准项目。利用市场机制倒逼，加快推进电力市场化改革，新核准的发电机组原则上参与电力市场交易。第三，降低企业用能成本。加快推进电力、石油、天然气等领域市场化改革，实现能源网络公平开放，大力开展能源企业和用户直接交易，降低企业交易成本。完善光伏、风电等新能源发电并网机制，加大新能源财政补贴投入力度，深入开展光伏扶贫，以新能源建设推动城镇化建设。第四，加快推进能源体制改革。理顺能源发展的体制机制，提高能源系统整体运行效率，构建清洁低碳、安全高效的现代能源体系。加快推进电力体制改革落地，充分调动各地积极性，加快建立电力市场，实现直接交易，放开上网电价和销售电价，严格管控电网企业输配电价，充分释放降电价、促发展等改革红利。

2018年全国能源协会工作会议首次提出，为满足人民群众多层次多样化高质量用能需求，必须坚持绿色发展方向，以供给侧结构性改革为主线，着力从高速增长转向高质量增长，着力优化能源生产和消费结构，着力转化发展动力，全面构建清洁低碳、安全高效的能源体系。当今时代能源高质量发展是保障经济高质量发展、满足人民美好生活需要、适应国际能源转型变革的必然要求，其内涵要义主要体现为：贯彻新发展理念的发展、集约高效式的发展、更加优化协调发展、依靠改革创新的发展、更加安全可靠发展。

为此，为了充分保障"两个一百年"奋斗目标的实现，促进能源的高质量发展，需要清晰地认识到国内外能源的发展形势，科学筹划能源发展的战略目标和思路举措，不断创新发展理念，推动产业的升级转化，加强能源体系的建设，从而推动国民经济的快速发展。一方面，要坚持绿色发展，全面提升能源绿色发展水平。壮大清洁能源产业，稳步推进水电、风电、太阳能、生物质能、核能等能源规模化发展，着力提高清洁能源消费占能源消费总量的比重。加强传统能源清洁高效利用，提高天然气供应保障能力，加快成品油质量升级，推进煤电机组超低排放改造，提升煤电高效清洁发展水平，从而形成煤、油、气、核、新能源、可再生能源多轮驱动的能源供应体系，全面提升能源绿色发展水平。另一方面，要把创新作为第一动力，努力实现能源发展质量变革、效率变革、动力变革。围绕能源安全发展，大力加强战略储备技术创新和先进适用技术应用。围绕能源绿色低碳发展，重点发展更高效率、更低成本、更加稳定的可再生能源技术，发展先进核能及其相关技术，切实扭转传统数量型、粗放型能源生产消费模式。准确把握国际能源技术革命新趋势，分类推进技术创新、产业创新、商业模式创新，并同其他领域高新技术紧密结合，努力延长产业链条，把能源技术创新及其关联产业培育成推动我国产业升级的新增长点。此外，要紧扣能源发展主要矛盾，着力建设清洁低碳、安全高效的能源体系。应建设坚强有力的安全保障体系，牢牢掌握能源安全主动权；建设清洁低碳的绿色产业体系，提升能源绿色发展水平；建设赶超跨越的科技创新体系，努力在新一轮国际能源技术革命中抢占先机、实现突破；建设公平有序的市场运行体系，深入推进能源市场化改革，充分发挥市场在资源配置中的决定性作用；建设科学精准的治理调控体系，更好地发挥政府在建设清洁低碳、安全高效能源体系中的作用。

西部地区具有丰富的新能源资源，对践行新时代国家能源发展战略，在供给侧改革背景下积极开展新能源高质量发展研究，推动能源生产和消费革命向纵深发展，推动能源发展质量和效率稳步提高，具有重大意义。

第二节　新能源产业发展的时代蓝图

一、总体目标

在实际生活中，人们在每个发展阶段都需要制定一个明确而清晰的目标，从而不断奋斗、不断提升自己，逐步走向成功。人们在成长发展进程中需要对自己的人生做出规划，对于一个产业而言亦是如此，制定一个合理的目标是非常有必要的。结合国情与发展需要，国家对新能源产业的总体目标进行了规划：到2020年，能源科技自主创新体系基本形成，技术装备达到国际先进水平，新能源产业形成较大规模，能源结构明显优化；到2030年，新能源成为支撑能源消费增长的主力，新兴能源产业成为国民经济的重要支柱产业。只有制定出合理的发展目标，才能循序渐进，从而推动新能源产业的发展，为国民经济的增长做出更大的贡献。

二、新能源开发利用目标

增加新能源的储备量固然重要，但是提高新能源开发利用效率更为重要。如果将新能源开发出来，但是不能有效地利用，这无疑是浪费资源的体现，因此，对新能源的开发利用目标进行合理的规划是十分必要的。在"十三五"规划中，国家对新能源的开发利用目标进行了详细的说明，即到2020年，新能源开发利用规模大幅提升，在能源需求的占比提高9%左右，相较2015年新能源的利用规模扩大一倍。目前新能源在我国主要应用于发电产业，预计到2020年实现新能源发电产量占我国总发电量的20%以上，新能源发电成为我国未来发电体系中的重要能源。此外，在供热和燃料利用方面，要不断提高太阳能的利用程度，扩大生物质燃料和生物质发电规模，促进沼气等生物质燃气发展，推进中低温地热直接利用和热泵技术应用，实现新能源对常规能源的显著替代，预计到2020年实现新能源在供热和民用燃料方面替代常规能源量达到2亿吨标准煤。新能源利用规模的扩大以及发电总量的提高，可以为企业的生产、居民的生活提供一定的便利，有效地提高人们对生活的满意程度，增进人民的福祉。

除此之外，分布式能源的发展值得国家的充分关注。分布式能源具有能效利用合理、损耗小、污染少、运行灵活、系统经济性好等特点，可以为建设"资源节约型、环境友好型"社会提供保障。一方面，该能源可以分散部分的污染物，并将有用的资源进行转化，充分实现适度排放的目标；另一方面，分布式能源在输送和利用上分片布置，减少了长距离输送能源的损失，有效地提高了能源利用的安全性和灵活性。由此可见，分布式能源的发展对国家是十分有利的。

国家还提出，预计到2020年，我国将建立起太阳能、风能等新能源分布式电网技术支撑体系，同时形成相配套的先进管理制度，建设30个新能源微电网示范工程，提高新能源分布式发电、供热和燃料利用等多元化可再生能源技术，建设100个新能源示范城市和200个绿色能源示范县。充分利用分布式能源的优势，全力将新能源利用在农村的入户率提高到50%以上，充分解决部分区域电网不覆盖的问题，从而充分发挥出新能源对经济、社会以及环境的有效作用，提升新能源的利用效率，推动经济发展，提高人民生活水平。

三、新能源科技装备水平进步目标

所谓"好马配好鞍"，要想充分开发利用新能源的光和热，就必须从科技和装备两个方面下功夫。先进的技术和强大的制造就好比是新能源产业发展的燃料，要想推动新能源这架飞机翱翔蓝天，科技和装备必须双管齐下。

我国新能源产业要建立完备的科技自主创新体系和装备制造体系，这两套体系是促进我国新能源产业发展的主要动力，提升了我国新能源产业发展在国际上的竞争力，并且能够完全满足我国新能源产业发展需求。其中，陆地风电技术装备达到或接近世界领先水平，太阳能光伏发电、海上风电、生物质液体

燃料、电动汽车技术达到或接近世界先进水平。

四、新能源产业发展目标

新能源产业发展可被划分为不同阶段,每一个阶段都有清晰的目标。具体如下:

2020年以前:新能源产业链在国家政策大力扶持下逐步完善,产业发展环境逐渐优化,产业的竞争力在国际上逐步凸显。风电产业发展实现规模化,生物质发电和生物质燃料技术发展成熟,分布式太阳能发电在全国展开推广。在技术上,积极进行光伏发电、生物液体燃料等技术的探索,为新能源产业化做好准备工作。

2020—2030年:在新能源发电产业中,大力发展风能发电和光伏发电。根据发展进度,适度发展生物质发电,努力实现新能源技术发展的突破,实现太阳能产业化的突破。

2030年以后:持续扩大光伏和风能产业,提升二者的利用规模,因地制宜地发展太阳能热发电、地热发电和海洋能发电,大规模利用先进的生物液体燃料技术,包括纤维素乙醇、生物柴油等,加快替煤工作推进。建成结构完整、布局优化、聚合度高、国际竞争力强、生产能力强大的新能源产业体系。

第一章 脉络与评判：新能源产业发展的阶段性评价

根据产业生命周期理论，产业发展的机遇和挑战主要取决于产业发展所处的生命周期阶段，因此在进行新能源产业发展研究前，我们需要了解新能源在我国近年来的发展脉络以及现阶段发展状况。本章根据新能源的分类分别对风电产业、光伏产业、生物质能产业、新能源汽车产业、核能产业及页岩气产业的发展脉络和发展现状进行介绍。

第一节 风电产业发展的阶段性评价

风电产业在全球新能源产业发展中处于较为领先的地位，其发展源头可以追溯到 20 世纪 70 年代晚期，当时风电产业的发展已经在全球初具规模，目前其已成为新能源产业中发展成熟的"能源巨头"。自 2006 以来我国风能产业持续扩大规模，在技术和风电装机规模上都取得了突出的成绩，目前我国风电装机规模已处于国际领先水平。据相关数据，2017 年，中国风电累计装机规模达 188GW，占全球风电装机比例的 35%，新增装机占全球新增装机比例的 37%。目前我国"弃风限电"的情况有所好转，2017 年我国的弃风率相比去年下降了 5%，总体的弃风量为 419 亿千瓦时；2018 年第一季度，弃风总量为 91 亿千瓦时，同比下降近一半的风电量，全国的弃风率下降 8%，实现弃风电量和弃风率"双降"。

一、风电产业发展脉络与评判

1990—2004 年："八五"期间，全国风电产业处于起步阶段，资金来源大多数依靠政府。"九五"阶段，"乘风计划"诞生，以市场换来国外先进技术，开始积累技术力量。

2005—2010年：风力发电已经呈现明显增长趋势，同年《可再生能源法》及其细则颁布实施，迅速拉高了风电的"人气"，各类投资主体进军风电产业。"十一五"期间，经过多方组织机构的共同努力，风电产业成为新能源产业的领头羊。

2011年至今：中国风电产业脚步有所放缓，但仍旧保持上升态势，新增装机和累计装机都是世界第一。该阶段重视技术创新，大力促进产学研链条形成，鼓励跨国长期合作。

二、我国风电产业设备发展现状

（一）风电装机设备发展现状

2017年，除港、澳、台外，我国新增风电装机量为19.66GW，同比下降15.9%；累计装机量达100GW，同比增长11.7%，增速放缓。同年，我国各地区风电新增装机所占比例为：华北25%、中南23%、华东23%、西北17%、西南9%、东北3%。"三北"地区新增装机占比为45%，中部、东部、南部地区新增装机占比达55%。[①]

2016年，中国海上风电新增装机154台，新增装机容量590MW，累计装机容量达1630MW，累计装机容量增长58.25%。2017年，中国海上风电新增装机319台，新增装机容量1160MW，累计装机容量达2790MW，累计装机容量增长71.17%。到2020年，海上风电开工建设10GW，确保建成5GW。以2020年建成5GW保守估计，2018年至2020年的复合增速为21.47%。[②]

（二）风电机组制造商发展现状

根据相关数据统计，截至2017年，我国风电整机制造企业总计22家，其中金风科技在2017年新增装机量达全行业最高水平，总计5.23GW，在市场份额的占比超过了四分之一。行业新增装机量排名前五的还包括远景能源、明阳智能、联合动力和重庆海装，这五家公司新增装机容量在我国的总市场份额占比超过了三分之二，相比2016年约增长13%。

---

① 数据来源于国家统计局。
② 数据来源于国家可再生能源中心。

截至 2017 年底,我国海上风电整机生产商共 11 家,企业总装机量达 150MW,位列行业前四位的是上海电气、远景能源、金风科技、华锐风电,这 4 家海上风电总装机量占比超过整个行业的五分之四,其中,上海电气以 55％的市场占比位列第一。截至 2018 年 12 月,在海上应用最广的风电机组包括单机容量为 4MW 和 5MW 的机组,6MW 的风电机组仍是样机,应用尚不广泛。容量为 4MW 的机组占比较大,累计装机容量达到 1.53GW,占海上总装机容量的一半以上,其次是 5MW 风电机组装机,占比达 7％。[①]

三、我国风电产业技术发展现状

我国风电产业要满足现有市场的需求,必须要有更大型的机组支持。国家风电发展规划显示,"十三五"期间,陆上风电会逐步向东南部地区拓展,市场对风电的需求会进一步提高。为提高风电供给量,我国风电机组生产企业也在持续进行技术研发,为制造更大型的机组做准备。截至 2018 年 12 月,陆上风电场应用较为广泛的是 2MW 和 3MW 的机型,海上风电场的机型较陆地更加大型化,6~8MW 机型已在海上风电场应用。面临市场对大型化机组的需求,我国许多实力较强的企业正在研制 10MW 及以上的机型,中国风电市场"10MW 级时代"即将来临。

相比陆上风电,海上风速更高且更稳定,同时海上风电对外界造成的视觉污染更小,产生的噪音影响范围较小,更为重要的是风能在海上的利用率高于陆上,并且不受陆上长距离电网传输的限制,可以有效缓解陆上风电容量限制。基于海上风电的以上诸多优点,近年来我国大力发展海上风电项目。2017 年中国海上风电取得突破性进展,新增装机 319 台,新增装机容量达 1.16GW,同比增长 97％。2017 年 9 月,由中国海装风电股份有限公司自主研发的 H140-3MW 型风电机组获得成功,标志着中国陆上风电机组单机容量开始向 3MW 发展。该机型风轮直径为 140m,是国内外目前风轮直径最大的 3MW 陆上风电机组。[②]

[①] 数据来源于中国可再生能源学会风能专业委员会、中国农机机械工业协会风力机械分会和国家可再生能源中心联合发布的《2018 年中国风电吊装容量统计简报》。
[②] 数据来源于全球风能理事会 2018 年发布的《全球风电市场年度统计报告》。

四、我国风电产业发展目前存在的问题

如今,我国风电产业发展度过了初步阶段,逐渐迈入了一个更为稳固和完善的阶段。在这个阶段,弃风限电仍是制约风电产业进一步发展的一大阻力,从整个风电市场来看,电网和系统运营商的管理能力无法和现有市场规模匹配,弃风限电问题亟待解决。更加细化地分析风电行业发展现存问题主要表现在以下几个方面。

(一) 产业过度集中,形成行业垄断

根据彭博社的报道,2016年前五家最大的风机厂商的装机容量占全国的62%;而前九家最大的厂商市场占有率达到了80%以上,其中龙头企业金风科技的市场占有率持续上升,2017年其在市场份额的占比超过了四分之一。而风电场在运营方面,基本被五大电力集团及五小电力集团所垄断。

(二) 管理过于分散,标准体系建设滞后

长期以来,由于我国风电产业的管理部门不集中,且部门职能与其他能源部门职能有所交叉,风能产业的扶持资金来源分散,难以集中资金进行大力发展,很大程度地阻碍了行业的持续发展。同时,我国风电产业目前尚不具备完善的行业标准和不同国家、地区间的标准互认机制,这对我国风电产业的国际化发展造成了极大阻碍。

(三) 电网规划不到位,成为风电发展瓶颈

近年来,我国风电装机和电网发展不平衡,风电装机量增速较大,已经远远超过风电并网容量,这导致风电进行电网接入时存在较大的障碍,成为我国风电产业发展的瓶颈之一。目前我国风能发电量远远超过了预计产量,导致大量的电力无法输送造成浪费,尤其是在风能资源丰富的偏远地区,输电更加不便。

市场调查显示,目前市场风电开发缺乏科学有序的规划,各地方在进行风电场建设规划时,没有对市场的容纳量进行细致调查,普遍存在风电场开发过度的现象。此外,实际开发规模远大于规划是导致风电场和电网无法很好衔接的重要原因。由于风电场和电网衔接脱节以及风力发电的自身弊端,电网的调度和稳定性受到相应的影响,进而部分风电场建成后无法及时并网。

（四）资金短缺，融资能力薄弱

相比常规能源，风能产业需要更大的资金投入用于风电的技术研发，并且产品的研发周期较长，因此风电产业的成本相对较高，投资收益回报相对较晚。此外，风电产业缺乏多元有效的融资通道，融资能力偏差，这些客观因素势必将影响风能产业开发和规模化、产业化发展。

（五）设备技术落后，人才不足

目前，我国风电设备制造和风电技术研发能力还远落后于发达国家，我国的设备制造还只能依靠向国外购买许可证或通过带料加工的合作生产等方式，缺乏自主性。另外，在风电技术研发上，我国风电系统工程研发制造能力弱，不能及时满足对市场的技术需求。

在人才培养方面，我国尚缺乏在风电技术和设备制造上的复合专业性人才，缺乏技术核心的专业团队，尚未建立独属风电产业技术研发的服务体系，缺乏设计、制造安装、调试及运营管理的人才培养体系，这些问题都是导致供给无法适应市场需求的重要原因。

（六）产品质量有局限，市场竞争优势不足

由于我国目前风电场的开发相对集中，开发规模较大，在风电场向电网进行电力输送时需要克服远距离和高电压的难题，这要求电网必须投入大量资金进行技术研发，以保证电力的安全输送，适应高电量的生产和调峰，但目前电网的发展程度尚无法达到如此高标准的要求，进而只能对部分风电场进行限电。此外，受风能资源季节性变化的影响，风电场发电量不可控，在风能资源旺盛时期，大规模风电电源会导致电网不稳并引发调峰和调频等问题；当风能资源匮乏时，小规模风电电源会引起电能质量、电压的问题。

（七）资源与市场地域不匹配

风能资源开发市场和消费市场不匹配是制约我国风电产业发展的又一重要原因。目前我国风能资源最为丰富和风能开发规模最大的地方主要是"三北"地区，而电力的消费市场主要分布在中部、东部和南部，这意味着电力输送需要经过一段较长距离，并且需要有匹配的电网接收，这大大地增加了我国风力发电的成本，阻碍了风电产业的进一步发展。

第二节 光伏产业发展的阶段性评价

一、光伏产业发展脉络与评判

1990—2000年：受到巴西召开的"世界环境与发展大会"的触动，中国明确了太阳能发展的重点。太阳能热水器市场大幅增长，太阳能电池行业稳步发展。

2001—2007年：太阳能市场平稳发展，产业主要细分为光热技术和光伏技术。光伏产业受到政府倾向性的扶持，发展迅速。

2008—2010年：中国太阳能消费进入快速增长时期。为体现低碳环保理念，政府大力建设光伏设施，补助标准日益明确。

2011年至今：中国太阳能消费量惊人增长，光伏发电获得国家资助。分布式光伏发电项目建设脚步加快，鼓励光伏发电的政策陆续落地。

二、我国光伏产业设备发展现状

以下从我国光伏产业多晶硅、硅片、电池片、组件、光伏装机量等方面对光伏产业进行介绍。

（一）多晶硅

在2007年以前，我国的光伏产业尚处于萌芽期，因此，多晶硅产量远不及光伏产业发展成熟的发达国家。度过萌芽期后进入2008年，我国多晶硅实现规模化生产，产量陆续上升。当然，我国多晶硅的发展也并非一帆风顺，2011年光伏产业遭到"双反"的影响，国际市场对多晶硅的需求量大幅下降，这样剧烈的市场冲击导致我国多晶硅制造业在2012年面临停业破产的危机。针对这一市场现象，国家政策开始实施反倾销措施，并对光伏产品的应用端进行扩大，进而帮助了多晶硅行业复苏。国家统计局数据显示，2016年我国多晶硅产量快速增加至19.4万吨，产量是2008年产量的41倍；2017年多晶硅产量达到24.2万吨，相比2016年增长了24.7%；截至2018年8月底，国内多晶硅产能共计29.4万吨,其中在产企业16家(包括分线检修企业),在产产能为21.5万吨/年。

(二) 硅片

我国硅片产量在全球遥遥领先,目前全球规模最大的硅片制造商有九家,都聚集在中国。光伏协会的最新数据显示,2016年我国硅片产量就已经超过63GW,在全球的产量占比高达90%以上。2017年硅片年产量87GW,在全球产量占比略有下降。2018年硅片产量达到109.2GW,其中,上半年硅片产量超过50GW。①

(三) 电池片

自2010年以来,我国太阳能电池片的产量就持续上升,2011年产量增幅接近上年的一倍,但接下来的两年由于受到国际"双反"的影响,国际市场对电池片的需求量骤减,两年的产量增幅都在10%以下。在国家政策扶持下,2014年我国电池片的生产规模又开始以大幅增速上升,到2016年我国电池片总产量约为49GW,产量全球占比71%。由于我国的产业集中度较高,生产规模达1.5GW以上就有10家。到2017年我国电池片同比增长三分之一,年产量达到68GW,占全球产量的68%,产量位居全球第一,产量1GW以上的企业有21家。②

(四) 组件

光伏协会统计的数据显示,光伏组件产量发展不如硅片和电池片等在国内的发展。由于受到国际市场、新兴竞争者及价格下降等不利因素影响,2018年上半年我国光伏组件产量和出口增幅约为24%和25%,同时在产业层面的发展也不容乐观,销售价格在1—5月份处于持续下跌的状态,导致很多组件企业都处于亏损状态,甚至部分小企业有破产的危险。但是,我国光伏组件有一部分骨干企业积极拓展海外业务,在海外市场出货量已达70%以上。光伏组片的发展主要在技术层面,如双玻双面组件正加速产业化,领跑者基地双面电池占有率已达45%,60片组件功率已达300W。

---

① 数据来源于中国光伏协会2018年数据统计。
② 数据来源于工信部2017年数据统计。

（五）光伏装机量

2013年我国新增装机容量达10.9GW，累计装机容量达到17.45GW。2014年新增装机容量达10.6GW，同比下降2.75%，累计装机容量达28.05GW。2015年新增装机容量达15.13GW，与2014年相比上升了42.74%，累计装机容量达43.18GW。2016年光伏产业得到了快速发展，新增装机容量达到了34.5GW，约为2015年新增装机容量的2.28倍，累计装机容量达77.68GW。2017年光伏新增装机出现了大幅快速增长，新增装机为53.06GW，比上一年增加18.56GW，增速再次刷新历史高位。2018年全国光伏发电新增装机容量约44.26GW，全国累计光伏发电装机容量达到了175GW[①]，详见表1-1。

表1-1 中国新增和累计光伏发电装机容量

项目	2013年	2014年	2015年	2016年	2017年	2018年
新增装机量（GW）	10.90	10.60	15.13	34.50	53.06	44.26
累计装机量（GW）	17.45	28.05	43.18	77.68	130.74	175.00

三、我国光伏产业技术发展现状及未来发展趋势

（一）光伏产业技术发展现状

2015年以来，在"领跑者计划"推动下，光伏产业新兴技术大量涌现，光伏技术发展速度明显加快。目前发展较好的技术包括单晶PERC技术、多晶黑硅技术、MWT、N型等电池技术以及双玻双面等组件技术，这些技术的发展虽已取得一定成绩，但仍在持续改进完善。从单晶硅和多晶硅电池的转换效率来说，目前普遍的单硅转换效率达20.3%，多硅转换效率达19%，组件效率已分别达到了17.74%和17.11%；技术发展较成熟的多晶电池转换率能达到20.6%以上，高效组件效率已分别达到了19%和18.42%。此外，电池组件依然朝着更高效率发展，如HIT等也在加快发展中。

逆变器方面，其转换效率、电能质量、电力输出稳定性、安全性能、智能

---

① 数据来源于国家能源局发布的《2018年可再生能源并网运行情况》。

化程度等指标均得到了提升，最大功率点跟踪技术和并网逆变器控制技术逐步完善，集散式逆变器和组串式逆变器得到了广泛应用。

系统方面，跟踪系统和1500V系统等技术已应用于光伏电站建设中，智能机器人、无人机、远程监控软件、先进通信系统等均已在电站运营中使用。

（二）光伏产业技术发展趋势

1. 持续向高效方向发展

在连续3批领跑基地实施的推动下，未来我国光伏设备和技术将持续向高效方向发展。以PERC技术为例，目前单晶PERC电池最高效率已经突破22.7%，未来提升潜力巨大。同时，基于PERC技术的双面电池技术在不增加额外工序和设备投入的情况下增加发电量10%～30%，也是未来的发展趋势。新技术不仅可以大大提升光电转化效率，而且可以有效降低单位制造成本和系统安装、维护等成本。随着晶体硅电池转换效率的不断提升，各类电池组件效率也将不断提升。

2. 向智能化方向发展

近年来，国家相继发布了《中国制造2025》和《智能光伏产业发展行动计划（2018—2020年）》，标志着我国光伏产业逐步向智能化升级，并促进了太阳能电池和部件与大数据、人工智能等深度结合，进而完成光伏产业的智能化改造，推动发展智能光伏集成运维。

光伏产业智能化不仅体现在技术升级上，也为光伏制造工厂管理体系提供了高效职能的管理系统。未来，这些制造工厂都将建立MES、ERP等智能化制造管理系统，达到全程自动监测和调度的目标，有效提升生产效率、设备性能质量，提高光伏产品全周期信息化管理水平。

四、我国光伏产业发展目前存在的问题

（一）技术问题

我国目前生产的硅材料的稳定性尚不如进口的多晶硅材料，这是由于我国目前的多晶硅的提纯技术与发达国家相比仍存在一定的差距。据光伏协会统计数据，N型单晶的少子寿命大于等于$1000\mu s$，国产多晶硅材料在此规格下的

不合格率比国外进口的要高出十几个百分点，因此国内的多晶硅品质还有待大幅提高，否则无法满足目前市场的需求。

（二）产品质量问题

目前我国光伏企业发展速度参差不齐，发展较好的企业产品质量已达到国际一流水平，但也不乏一些发展较缓慢的企业产品质量可能存在不达标的情形。我国目前光伏电站装机量占比较大，但是根据光伏协会的最新数据，在已建成的电站中有33%左右的电站质量不达标，光伏组件折旧损耗速度远大于预期，部分组件使用3年就耗费了25年的指标，更严重的电站在建成的当年组件损耗就高达30%。

（三）弃光限电问题

在低碳经济发展的背景下，我国对新能源在未来能源使用中的占比提出了更高的要求，光伏产业应积极响应我国未来的发展趋势。近年来，我国新增光伏电站装机量节节攀升，但是我国光伏产业发展较快的地区主要聚集在我国的西北部，电力需求较大的城市又大多位于我国东南沿海地区，而目前国内的远距离电网输配系统尚不完善，无法满足长距离的输送，导致电力供需严重不平衡，造成弃光限电等问题。

（四）政府补贴拖欠问题

新能源产业的发展前期大多都需要政府的大力支持，光伏产业也不例外。在前期的技术研发和市场拓展中都需要投入大量的资金，甚至相比其他新能源，光伏产业对政府补贴的依赖性更强。在2016年财政部、国家发展改革委、国家能源局联合发布的《关于公布可再生能源电价附加资金补助目录（第六批）的通知》中列入资金补助名单的光伏项目均在两三年前就已并网，可见政府补贴拖欠问题是对光伏产业发展的严重阻碍。政府补贴拖欠主要归咎于两个原因：其一，可再生能源电价附加费无法按时收缴齐全，从而导致光伏产业唯一资金来源出现缺口，企业营运资金短缺；其二，光伏产业资金补助审批经手部门过多，办理流程过于冗长，且部门间的协调机制不完善。

第三节　生物质能产业发展的阶段性评价

我国目前的生物质能充足且种类丰富，主要包括农作物秸秆、农产品和木材加工剩余物、家禽养殖代谢物、城市产生的垃圾、工厂排放的污水等。根据统计局数据调查，目前，我国生物质能转换为能源量可达 4.6 亿吨标准煤，已经开发利用的能量约达 2200 万吨标准煤，还有约 4.4 亿吨可作为能源利用。后续阶段随着我国林土面积扩大和经济的发展，生物质可转能源潜力会持续提高达到 10 亿吨标准煤。可见，我国生物质能的利用潜力巨大。

一、生物质能产业发展脉络与评判

21 世纪以前：我国生物质能资源丰富，若能合理利用，就能极大减少碳排放，收获巨大的环境效益。但是生物质能资源分散、收集手段落后等问题都制约了生物质能在我国的发展。

21 世纪以后：我国生物质能走上蓬勃发展的快车道。与生物质能有关的政策纷纷出台，有效推动了生物质能产业发展。多家大型投资单位参与生物质能发电建设运营，"户户通电"等重大项目落地生根。2010 年，中国生物质能投资超过美国，位居世界第一。

二、我国生物质能应用现状

（一）生物质发电现状

1. 生物质发电量现状

自 2005 年《可再生能源法》颁布，我国生物质发电产业取得了巨大的进步。尽管生物质发电产业目前是仅次于风电和光伏发电的第三大产业，但其发电量仍不高。2017 年的统计数据显示，生物质能发电在可再生能源发电占比只达到全部发电量的 1.2%，发电总量共计 795 亿千瓦时，全国生物质发电新增装机 274 万千瓦。累计装机达到 1488 万千瓦。近两年，由于资源条件的限制，生物质发电的增幅稳定在10%左右。

根据国家能源局《生物质能发展"十三五"规划》，到2020年，生物质能基本实现商业化和规模化利用。生物质能年利用量约5800万吨标准煤。生物质发电总装机容量达到1500万千瓦，年发电量900亿千瓦时，其中，农林生物质发电700万千瓦，城镇生活垃圾焚烧发电750万千瓦，沼气发电50万千瓦；生物天然气年利用量80亿立方米；生物液体燃料年利用量600万吨；生物质成型燃料年利用量3000万吨。

2. 生物质发电设备发展现状

2017年，全国共有30个省（区、市）投产了747个生物质发电项目，并网装机容量1476.2万千瓦（不含自备电厂），年发电量794.5亿千瓦时。其中，农林生物质发电项目271个，累计并网装机700.9万千瓦，年发电量397.3亿千瓦时；生活垃圾焚烧发电项目339个，累计并网装机725.3万千瓦，年发电量375.2亿千瓦时；沼气发电项目137个，累计并网装机50.0万千瓦，年发电量22.0亿千瓦时。生物质发电累计并网装机排名前四位的省份是山东、浙江、江苏和安徽，分别为210.7万、158.0万、145.9万和116.3万千瓦；年发电量排名前四位的省份是山东、江苏、浙江和安徽，分别是106.5亿千瓦时、90.5亿千瓦时、82.4亿千瓦时和66.2亿千瓦时。2018年，全国生物质发电装机1781万千瓦，同比增长20.7%。[①]

3. 生物质发电技术发展现状

目前我国发电技术主要有三种方式：生物质直接燃烧发电、混合燃料发电、生物质气化发电。

（1）生物质直接燃烧发电。

在国内多年的摸索研究下，我国直接燃烧利用的生物质能技术已经发展得较为成熟，其中单机容量多选择15MW或30MW的高温高压机组，与生物质锅炉相关的技术是生物质直接燃烧发电技术的核心。目前，国内生物质直燃锅炉主要以炉排锅炉和循环流化床锅炉为主。企业根据建设地的生物质燃料资源的具体情况进行锅炉选择。其他燃料预处理系统、给料系统等都由我国自主开发。

---

① 数据来源于国家能源局发布的《2018年可再生能源并网运行情况》。

（2）混合燃料发电。

混合燃烧发电方式是在生物质燃烧中混合了矿物燃料，燃煤电厂通常会选择这种方式进行发电，这种结合型的燃烧能够大大提高燃烧发电率，同时在选择燃料的储存设备时不会发生重大变动，从而就大大降低了投资的成本。

这种技术相对其他两种生物质发电技术操作相对简便，并且二氧化碳排放量的降低效率更高，但是目前尚缺乏一些较好的补贴政策、有效的操作办法及监控措施，因此混合燃料发电技术应用不够普遍。

（3）生物质气化发电。

生物质气化发电的原理简单来说是利用高温将生物质材料放进专门的高温流化床产生燃气，后续再将燃气进行化学和物理处理得到清洁的燃气，最后加压启动发电机组产电。因为气化发电在灵活性和经济性上较其他两种生物质发电技术更强，因此恰好能解决那些具有丰富生物质资源的边远农村电力输送难的问题，但这种气化发电技术较特殊，需要更高的技术水平作为支持。

（二）生物燃料乙醇产业发展现状

2001年是我国燃料乙醇产业发展的起步阶段，由于当时大量余粮陈化，为了充分利用这批资源，我国批准开办了4家粮食燃料乙醇企业，正式开始我国在生物燃料乙醇产业的试点工作，并选取了部分省市作为燃料乙醇汽油应用的试验点。目前，国内的燃料乙醇企业发展正式步入轨道。据统计局数据，2017年，国内燃料乙醇生产企业共7家，总产能达到234万吨，其中，采用小麦、玉米等粮食为原料的乙醇产能166万吨，占生物乙醇总产能的70%以上。2018年国内现有燃料乙醇产能为322万吨，其中，玉米燃料乙醇产能270万吨。[1]

燃料乙醇产业的发展最终还是需要依靠国家政策的大力推动，燃料乙醇的销售量不仅取决于国内汽油的需求和调配比例，同时在很大程度上还依赖于国家对燃料乙醇的推广。截至2018年，我国推广使用燃料乙醇的省有11个，包括黑龙江、河南、吉林、辽宁、安徽、广西6省（自治区）全境和河北、山东、江苏、内蒙古、湖北等省的31个地市。2018年7月，我国燃料乙醇年消费量近260万吨，乙醇汽油消费量已占同期全国汽油消费总量的1/5。[2]

2017年，中国乙醇进出口市场变化持续，改性乙醇关税上调至30%后，

---

[1] 数据来源于国家粮油信息中心2018年统计数据。
[2] 数据来源于国家统计局发布的《2018年可再生能源并网运行情况》。

2017年进口量为0.9万吨,同比锐减98.7%。同时,玉米乙醇出口退税及补贴双双发挥作用,2017年未改性乙醇出口量为13.1万吨,同比暴增309.4%。从出口口岸来看,东北和内蒙古通关出口的乙醇占比高达95.4%,可见退税增加了中国乙醇的对外竞争力。[①]

(三)沼气产业发展现状

1. 沼气池建设现状

到目前为止,沼气产业发展仍然主要集中在农村和一些边远山区,它的主要应用模式包括分散式的家庭沼气池和集中式的大规模沼气池,前者主要是用于满足单户家庭日常需要,后者则可以用在需求量较大的村庄或工厂。

家庭式的沼气池的发展历史相对久远,只是过去还未受到国家的重视,技术尚未发展成熟。自1973年开始,家庭式的沼气池才渐渐受到政府的认可;从1984年到2000年,家庭式的沼气开始慢慢发展,其年增速为4.6%;2000年以后,该产业的增速逐渐加快;到2014年,我国农村大约有家庭式沼气池4.18亿个,年产沼气大约132亿立方米。1973年,集中式的大规模沼气池开始出现;由于缺乏政策的支持,直到2000年,集中式的大规模沼气池发展都很缓慢;2000年以后,该产业发展速度开始加快;从2007年到2014年,大规模沼气池从8576个增长到31696个,其沼气产量从2.9亿立方米增长到14.6亿立方米。[②]

2. 沼气市场发展状况

沼气产业市场的发展一直保持着较为平稳的增长速度。根据最新调查数据,2011年至2017年,我国沼气产业市场规模持续扩大;2011年,我国的沼气规模约为7.89亿元;经过两年的高速扩张,在2013年成功突破了10亿元规模,当年的增速也达到三年的最高值;在政策的带动下,2014年我国沼气行业市场规模达12.3亿元,增幅较2013年略有下降,但仍保持较高的增长率;2017年行业市场规模增长至18.12亿元。综合来看,沼气发电市场在2011—2017年的年均复合增长率为14.9%。[③]

---

① 数据来源于中国海关统计数据。
② 数据来源于国家发展和改革委员会农村经济司统计数据。
③ 数据来源于国家统计局统计数据。

目前沼气产业发展面临的问题之一就是市场分布不均,国内华东和华北地区经济软实力较其他地区更强,生物质规模发展更大,技术和设备更优,因此市场份额占比最大。据统计,2016年,华北地区的沼气发电市场份额为37.48%,位居全国第一;其次是华东地区,市场份额为24.82%;东北地区市场占比为18.52%;其余地区市场份额较小,均在10%以下。[①]

三、我国生物质能发展存在的问题

(一) 市场环境和保障机制不够完善

我国的生物质能源的发展从生产到销售环节仍然在政府的严格把控中,尚未实现真正的市场化,并且还处于计划生产阶段,对市场的反应缺乏灵敏性,缺少对生产前的目标制定。由于生物质分布地区广泛且每个地区政府对发展生物质能的态度不一,有些地方对生物质能发展的眼光仅仅局限于目前该产业对地方GDP增长的影响,缺乏长远的目光,因此生物质能在投资规模上大受限制,整体发展规模较小,技术投入比率较低。

(二) 相关政策和服务体系尚不完善

虽然国家为推动沼气产业的发展出台了相应的价格补贴和激励政策,但是这些政策仍缺乏全面性。我们目前可以看到的是大量的补贴资金被用在了设备和土建等方面,而很少有资金补贴被用于工程运行服务和终端产品。此外,目前的可再生能源价格补贴缺乏强制性,导致沼气工程发电上网困难。长久以来,我国沼气产业的发展都忽视了产业管理的重要性,在产业运行维护上缺乏专门的管理网络,设备和人才的引进也缺乏长期规划,导致沼气池折旧加快、寿命缩减、运行率不高,更有一些设备因为老化存在安全隐患,这些原因都严重打击了企业和农户建设使用秸秆沼气的积极性。

在林业生物质发电方面,政策补贴缺乏针对性和合理性:其一,对生物质发电价格的规定不合理,目前的价格标准仍然沿袭了2010年发改委制定的每千瓦时0.75元的标准,很明显这并不适应当前的市场状况;其二,政府对林业生物质发电企业财税补贴与企业实际发展严重脱节,目前企业的增值税率为11%,比水力发电和火力发电要高出四五个百分点。

---

① 数据来源于国家电力部。

（三）技术投入不足

技术投入不足是新能源产业发展普遍面临的问题，目前我国生物质能的发展最大问题之一也是技术研发缺少资金投入，我国生物质产业发展生产环节没有匹配的研究成果相支持，技术转化生产力的能力较弱，因此阻碍了生物质能源的推广应用。产业技术投入不足的原因中也存在着企业自身的问题，类似中石油这样的大型国企，它们其实也掌握着部分生物质能的终端，在缺乏竞争对手的情况下，这类企业会选择把资金投入一些本公司发展较为成熟的能源上，例如石油能源等。

第四节 新能源汽车产业发展的阶段性评价

一、新能源汽车产业发展脉络与评判

进入 21 世纪以来，新能源汽车的发展经历了四个阶段：

实践认知阶段（2000—2006 年）：该阶段主要是对新能源汽车进行初步的探索和市场界定，并开始进行技术研发起步。

开拓创新阶段（2007—2011 年）：该阶段是新能源汽车发展崛起的关键时期，各国开始与他国建立合作伙伴关系，进行共同研发，出台相应政策进行补贴，对现有的汽车行业在新能源汽车的研发上给予鼎力支持，并进行大量的专业人才培养和资金投入。在政策利好的环境下，新能源汽车市场规模不断扩大，为下一阶段奠定了经济基础。

市场推广阶段（2012—2016 年）：各国在保持以往政策支持力度的情况下，为了更好地向市场投放新能源汽车，促进其市场的改革，对积极进行新能源汽车研发创新的企业又进行了一定的补助，扩大全球汽车市场规模。

联合发展阶段（2017 年之后）：经历了前三个阶段的发展，新能源汽车行业已经在汽车市场占据了一定的份额并不断扩大。

二、我国新能源汽车消费现状

新能源汽车发展潜力大,市场前景广阔。中国新能源汽车产销量和保有量近3年连续名列世界第一,产业总体保持较快增长。据相关数据,2017年,新能源汽车生产79.4万辆,销售70.7万辆,同比增长53.8%和53.3%,分别占燃油汽车产销量的2.74%和2.69%,高于2016年同期产销量占比1.21%和1.61%。2017年,新能源汽车保有量153万辆,占总汽车保有总量2.17亿辆的0.7%。总体来说,近年来我国新能源汽车发展增速较快,但是相对传统汽车销量仍有不小的差距,新能源目前推广的重点主要是乘用车市场。据汽车工业协会数据,2017年,乘用车推广57.9万辆,占当期总销量的74.5%;商用车推广19.8万辆,占当年总销量的25.5%;私人购买新能源汽车3.6万辆,占当年新能源汽车推广量的43.2%,较2015年私人购买占比24.8%有较大幅度的提升。2018年新能源乘用车销量达101万辆,同比增长83%。[①]

三、我国新能源零部件产业发展现状

(一)动力电池

随着人们环保意识的增强和政府对新能源汽车免征购置税的政策推动,家庭用户已经成为新能源汽车主要消费者。随着新能源汽车销售数量的增加,汽车动力电池装机电量不断扩大。数据显示,2017年,动力电池装机总电量约为36.4亿瓦时,增长超过20%。从车辆细分类别来看,乘用车电池装机电量约13.7亿瓦时,同比增长50%;客车电池装机电量约14.3亿瓦时,同比下降10%;专用车电池装机电量8.4亿瓦时,同比增长165%。近年来,动力电池的蓄电能力不断增强,安全系数也不断提高,提高了电动汽车在市场上的竞争力,不断为新能源汽车未来的发展保驾护航。

当前中国动力电池市场仍以锂离子电池为主,车用动力电池主要有磷酸铁锂电池、三元材料电池、锰酸锂电池、钛酸锂电池、多元复合电池、镍氢电池等。以三元材料和磷酸铁锂作为电池正极是目前锂离子电池产业的两大主流工

---

① 数据来源于全国乘用车市场信息联席会官方发布数据。

艺，二者在乘用车领域的装机总量高达 98%。

从新能源汽车配套电池企业来看，企业增长速度较快，目前国内已有 151 家燃料电池企业，且电池产业发展仍处于高增长阶段，发展势头迅猛。2017 年，宁德时代超越松下和比亚迪，跃居全球第一；全国电池企业销量前十名，我国企业独占 7 名。这些都标志着中国动力电池产业发展的新高度与新里程。

（二）电驱动系统

2017 年，中国新能源汽车产销量均超过 70 万辆，其中，新能源乘用车产销量占 2/3，新能源商用车产销量占 1/3，国内研制的驱动电机及控制器已经能够完全满足市场需求。目前除了少量的乘用车外，大多数的新能源乘用车和所有新能源商用车都是使用国内研发的产品。

2017 年，新能源乘用车驱动电机装机量达到 55.2 万台。其中，永磁同步电机装机量超过 39.2 万台，占比达到 71%；交流异步电机装机量近 15.4 万台，占比约为 28%。这两种驱动车是当下最受欢迎的新能源车型。

此外，中国驱动电机生产企业和电机控制器生产企业虽有 200 多家，但是市场相对比较集中。北汽新能源、比亚迪、江铃新能源、精进电动、联合电子等 10 家企业所占市场份额超过 75%。

目前，国内的驱动电机企业大多属于我国自主品牌，只有少量的汽车电子是与国外合资创立的，并且这些自主品牌企业在国内都具备一定的竞争力。为了适应市场的需求，大多数供应商的研发能力都较强，能够及时根据整车厂的需求共同开发新的产品，对当下市场具有较高的适应性。因此，自主品牌驱动电机产业得到了较快的发展。

（三）充电设施

当下，我国充电桩的保有量在全球名列第一，2017 年全年月均新增公共类充电桩数约为 6054 个。截至 2017 年，我国充电桩数量约为 45 万个，其中公共充电桩的数量超过了 20 万个，与同期相比增长了约 50%。其中，交流电桩约为 9 万个，直流电桩约为 6 万个，交直流一体电桩约为 7 万个。但是从整体的发展情况来看，充电设施的建设数量远不及新能源汽车的增速，完全不能达到 1∶1 的需求。

四、我国新能源汽车技术发展现状

（一）整车技术

当下我国纯电动乘用车的技术已经遥遥领先，续驶里程已突破400km，并且还在不断提高，技术的安全性和动力性能不断优化提升，在保证以上性能的前提下，技术的经济性和高效益也在不断凸显，其中不乏一些发展迅猛的中高端产品，这也预示着该技术已经能够开始规模化推广。

在新能源客车领域，目前已研发出6~12m的多类纯电动公交车型，形成了独树一帜的钛酸锂电池快充、双源无轨及快速换电等多项能源供给技术。在混合动力技术领域，混合动力状态节油率超过40%，插电式混合动力公交综合节油率能够达到50%。

我国的燃料电池汽车使用的是"电电混合"的动力技术，这种技术是对多项技术特性的整合，具有整车适配、高压储氢系统、混合能源动力控制、氢气纯化利用等特性。根据最新调查显示，燃料电池汽车的最高时速达到了150km，加速耗时最快纪录为14s，一百公里燃料消耗量仅为0.912kg，使用者储蓄一次燃料可支持汽车行驶约300km。

燃料电池城市客车的研发也不落后于汽车。当前，客车的混合动力、电动化底盘、整车控制三大主要系统取得重大进展，并且在客车电池耐用性能、氢电安全性、使用燃料的效能等方面也实现了巨大进展。鉴于我国公交循环的整车百公里氢耗不超过7.5kg的标准，其示范运行获得了较好的社会效益。

（二）动力电池技术

"十三五"前，国内动力电池各发展阶段的衍生产品主要包括锰酸锂电池、磷酸铁锂电池、三元电池等。国内掌握了电池材料、单体电池、电池系统、批量生产工艺等众多领先技术，构筑了涵盖磷酸铁锂和锰酸锂正极材料、三元材料前驱体、石墨负极材料、钛酸锂负极材料、电解液和PP/PE隔膜在内的完整电池材料技术体系，在技术方面已经与国际发展水平持平。

"十三五"期间，国家致力于发展高比能量的动力电池，在新型的锂离子动力电池研发中，动力电池系统在技术上取得了关键性的进展。我国已经开始对32131高能量密度圆柱磷酸铁锂电池进行大批量的生产，目前生产单体能量密度达到170W·h·kg^{-1}；生产的高镍正极材料NCM622的方壳单体能量密度可达到 200W·h·kg^{-1} 以上；所有电池单体能量密度为 23020 W·h·kg^{-1}。比克电池领先发布并准备投入量产的高能芯新品单体能量密度能够超过 250W·h·kg^{-1}；天津力神牵头开发的高比能量密度锂离子动力电池，单体能量密度能够超过 260W·h·kg^{-1}；国轩高科开发出的三元 811 软包电芯，单体能量密度超过了 302W·h·kg^{-1}，目前正处于产品中试阶段。

（三）电驱动系统技术

在驱动电机技术领域，我国基于特有的稀土资源优势，研制了车用永磁电机技术，并且一些关键技术指标驱动电机的功率密度、效率等已经和国际水平一致。同时，国内独立研制的永磁同步电机、交流异步电机和开关磁阻电机已经与整车产业化匹配，系列化产品的功率范围能够适应 200kW 以下的新能源汽车驱动电机动力的需要。

乘用车方面，我国研制出了包括 42~120kW 的系列化驱动电机及其控制器产品，功率密度为 3.3~3.6kW·kg^{-1}（峰值功率与有效质量之比），最高转速超过 12800r·min^{-1}。

商用车方面，我国研制出了 AMT 同轴并联驱动电机、6~12m 纯电驱动电机以及驱动转矩为 3100N·m 的电动客车双电机动力总成，电机转矩密度达到 18N·m·kg^{-1} 以上，最高转速达到 3500r·min^{-1} 以上。

（四）车用燃料电池系统技术

经过长时间的技术发展，尽管燃料电池系统技术攻克难度较大，但我国仍然取得了不小的进步，提高了低压燃料电池的使用寿命，单堆动态循环工况累计运行超过 1500h，性能仅下降 6.7%；乘用车燃料电池系统净输出功率提升到 55kW，客车燃料电池系统输出额定功率为 80kW，过载功率可达 110kW，系统最高效率超过 61%，最大功率密度超过 0.7kW·kg^{-1}，最大体积比功率达 1.0kW·L^{-1}。

国内当前汽车使用的质子交换膜燃料电池性能水平与发达国家现有技术水平相比仍存在较大差距。为改变现状，我国正努力探索实现自主研发，同时与一些拥有关键性技术的国外供应商达成合作意识，进行学习研发。

五、我国新能源汽车产业发展面临的问题

（一）战略政策与具体实施的矛盾

近年来，随着"蓝天保卫战"口号的提出和国内"中国制造2025"以及"汽车产业中长期规划"战略政策的颁布，新能源汽车产业未来发展动向备受瞩目。在当今的科技与产业革命背景下，要积极抓住发展机遇，把中国打造为国际领先的制造业大国和强国。

从目前总体发展情况来看，国内对新能源汽车的接受度不断提升，新能源汽车的技术也持续不断地向前发展，政策体系框架搭建也基本完善，产业链不断调整升级，实现了产销快速增长。但从政策的具体实施情况来看，由于国内汽车企业发展情况各异，企业内部存在着不可忽视的文化差异，加上各企业责任意识、创新意识、人才意识参差不一，因此在执行新能源汽车发展战略时可能会因为企业自身对战略认识不同，而导致产业发展方向不统一，甚至存在一些企业发展新能源汽车只为谋取国家补贴，而不执行相关标准的情况。部分市场的配套设施仍未跟上汽车产业的发展，一些消费者对产业的不信任，都极大地阻碍了新能源汽车的发展。

（二）核心技术与自主创新的矛盾

相对其他产业而言，汽车行业对技术的要求更高，推动汽车产业发展主要依靠在汽车零部件上的技术研发。简言之，汽车产业承载了我国高新技术的发展，但目前国内汽车行业关键技术尚无法与国外发达国家形成有效竞争优势。首先，技术投入不够细化，技术研发不够深入，如动力电池单体一致性、成组技术差距过大，燃料电池的性能、寿命和成本还有巨大的提升空间。其次，目前国内的研究成果尚不足以支撑产业发展，许多关键技术产权仍被一些发达国家掌控，难以拥有自主权。另外，企业资金投入相对集中、知识产权保护意识弱、未突破现有技术等也是国内汽车产业技术发展面临的重大难题。最后，国内人才培养体系尚不健全，专业性不强，难以适应产业快速变革。

（三）研发生产与工业"四基"的矛盾

国内目前零部件产业的发展远落后于整车产业，这种失衡状态源于前期战略部署主要偏向整车产业，进而忽视了零部件产业在长期战略发展中的关键地

位,以致现在汽车产业发展要取得重大突破十分困难。新能源汽车的发展必然也面临这些问题,如在生产方面与工业技术之间发展严重失衡,关键的零部件目前只能依赖国外进口才能满足市场需求;在激光焊接、先进挤压、真空铸造、自主涂装等基础工艺上,缺乏一系列的先进技术;在核心材料上,虽然自主研发的材料能够满足基本的生产需求,但是其质量跟发达国家相比还相差很远;受限于技术水平,新材料(如碳纤维材料、纤维增强复合材料等轻质高强材料)应用有限。

(四)产业体系与管理机制的矛盾

与传统汽车相比,新能源汽车产业链更加宽泛,覆盖的设施和系统更加广阔。其中,上游产业包含了能量系统(高性能电池材料、动力电池)、驱动系统(驱动电机)、控制系统(电池管理系统、电控制系统)和基础设施(充电站、充电设备)等细分环节,甚至可以扩展到锂、稀土、镍、锰等金属矿产资源加工;下游产业涵盖了新能源汽车整车运营及服务、动力电池回收利用等环节。传统企业未获得行业准入而进行转型升级是否合理,严格审批制度与市场快速变化是否相匹配;资质参差的企业如何生产经过统一认证标准的产品,如何保证产品的可靠性,二手新能源汽车评估如何标准化;动力电池回收由谁负责,如何促进企业落实生产者责任延伸制。这些都是目前产业体系与管理机制的不相适应带来的问题。与此同时,多头管理的现象导致新能源产业很难统一发展方向,不利于新能源汽车产业体系的完善壮大。

(五)示范推广与基础配套的矛盾

国内新能源汽车发展战略方向还处于扩大汽车生产和销售量的阶段,各地方政府的主要任务也是向这一目标进发。然而推广应用的过程中却忽视了配套充电桩的建设,导致市民购买新能源汽车后普遍存在充电难的问题。虽然部分城市也进行了充电设施的建设,但是缺乏事先规划,导致大量充电桩没有发挥应有的作用,造成了大量资源的浪费,使得基础设施配套未能与新能源汽车协同发展。

(六)产品销售与市场环境的矛盾

某些地区对新能源汽车产业实施了地方保护政策,导致市场缺乏竞争对手,难以激发现有企业的技术创新能力,新能源汽车处于亚健康发展状态。由于新能源汽车在投放市场前的应用率未达标,产品质量管理得不到保证,降低了消费者对新能源汽车产品的信任度，导致新能源市场销量受到极大的影响。如电动汽车并不能很好地解决驾驶人里程焦虑的问题；燃料电池汽车并不能有效消除驾驶人安全担忧等问题；大多数汽车维修师技术水平依然停留在解决传统汽车问题的层面，未能及时更新技术，新能源汽车维修保养相关职业技术人才存在很大缺口。

第五节 核能产业发展的阶段性评价

随着常规能源消耗殆尽，可再生能源在全球的地位节节攀升，目前的核能产业能够大幅降低碳排放量，因此也成了各国的关注重点，但是由于日本核泄漏问题，核能产业发展受到了一定的阻碍。

我国是最早拥有核力量的国家之一，从 20 世纪 80 年代便开始了秦山一期核电站和大亚湾核电站的建设，并在 90 年代相继投入运行，使我国正式进入核电发展国家行列。经过 30 多年的发展，截至 2018 年 7 月，我国已建成 17 个核电厂，在役机组达到 38 台，在建机组 20 多台，另外还有部分规划的核电厂址和拟建机组。从在役机组和在建机组数量以及装机容量来说，我国处于世界核电国家前列。但受现阶段我国能源结构中以化石能源为主的影响，核能发电在各能源中所占比例还较低。根据有关资料统计，目前我国核能发电量仅占国内发电总量的 3% 左右，预计 2020 年将占到 4%，但未达到世界平均水平的 17%。而美国、日本、法国的核电比例分别为 20%、30% 和 80%。可见，我国目前建成与在建核电机组虽处于世界前列，但运行发电量较少，核电仍然处于起步阶段。

2011 年 3 月，日本发生福岛核泄漏事故，世界核电各国开始反思核安全。中国国务院发布了"国四条"，对核电安全进行大检查，停止审批与开工新的核电站。2012 年 5 月，国务院通过了《核安全规划》《核电安全规划》《核电中长期发展规划（2011—2020 年）》，重新启动核电建设，提出了安全高效发展核电的方针。我国 2011—2020 年的核电规划中提出，至 2020 年建成核电装机容量 $5800 \times 10^4 kW$，在建装机容量 $3000 \times 10^4 kW$。

我国一直非常重视全球气候变化，积极响应和参与全球应对气候变化事业。根据《巴黎协定》要求，我国政府承诺到 2030 年非化石能源占一次能源消费总量的比例达到 20%，2030 年前后二氧化碳排放量达到峰值并争取尽早实现。要达成这些指标，只发展水能、风能、光能等可再生能源是远远不够的。与化石燃料相比较，核电生产过程中不产生硫、氮化合物和二氧化碳，不会加重地球温室效应，在改善环境质量方面具有明显优势，是我国能源战略的科学选择，是能源结构、电力结构调整的物质基础，是生态文明建设的重要支撑。

一、核能产业发展脉络与评判

1970—1987年：该阶段为起步探索阶段。我国做出了引进百万级压水堆核电技术的决定。在统一组织下，我国确定了百万千瓦级压水堆为主、走引进技术并逐步国产化的道路。

1988—2004年：该阶段为规划发展阶段。能源部根据电力发展规划，确定了中国第一部核电发展规划，并启动了全国范围的核电厂选址工作。这个阶段，秦山二期2×60万千瓦压水堆核电站于1987年正式获批立项，1996年6月开工建设，2002年1号机组投入商业运行，2004年2号机组投入商业运行。

1989—2000年：该阶段是核电缓慢发展阶段。受美国发生的三哩岛核电厂事故影响，核电安全受到公众和政府的极大关注，对核电的安全性要求不断提高。

2001年至今：由于核电安全技术的快速发展、燃烧化石能源导致的严重环境污染和气候变暖现实，核电进入复苏发展阶段，中国将核能发展列入国家中长期能源政策。

二、我国核电产业发展现状

在核能发电占比方面，核电是众多国家的重要电力来源，其中，核能发电占比最高的国家是法国（75%），其他发达国家如美国（19%）、俄罗斯（18%）、韩国（30%）、瑞典（38%）等的核能发电比例都很高。2016年，我国核电发电量仅占全国累计发电量的3.56%，核电发电比重排在世界有核国家的末尾，明显低于世界10.8%的平均值。尽管中国核电整体规模并不算小，但相对于中国庞大的经济体量和巨大的用电需求，中国核电所做出的贡献仍然是非常小的。因此，中国核电的上升空间是非常大的。2017年，全国累计发电量为62758亿千瓦时，核电机组累计发电量为2472.7亿千瓦时，占全国总发电量的3.94%，但仍远远落后于火电（73.5%）、水电（17.2%）。清洁能源占比过小是目前中国能源结构的突出问题，过于依赖火电导致中国环境问题日趋严重。核电属于清洁能源，符合国家环境保护的长期需求，且核电比煤炭发电更能节约资源，亦符合国家节约不可再生资源的政策。可以预见，未来5～10年，在国家政策的强力推动下，以核电为主的清洁能源比例将得到大幅提升。

三、我国核电产业技术发展现状

2017年全国在运和在建核电机组容量共约5867.8万千瓦，如果要达到2020年8800万千瓦的规划，未来3年，我国总共需开工建设约23台核电机组，按核电站单位投资1.3万元/千瓦来计算，至少需要投入3800亿元，则核电设备总投资为1900亿元。如果按核岛、常规岛、辅助设备国产化率分别为70%、80%、90%计算，那么未来3年国内核电设备制造商将分享1460亿元的市场，即在2018—2020年中，平均每年核电设备制造市场将高达480亿元以上。

我国核电发展走的是一条"以我为主、中外结合"的道路，从早期以引进国际先进核能国家技术为主到目前以自主创新技术研发为主，在20多年的探索、实践、引进、消化、吸收过程中，我国核电技术逐步走向成熟。目前，世界核电技术已发展到第三代，其具有更好的安全性、经济性及模块化设计的特点，具有代表性的是美国的AP1000和法国的EPR技术。目前，我国在建机组采用最多的核电技术是成熟性和安全性很高的CPR1000，这种机型基于M310技术，被称为"改进型中国压水堆"，它的主要设备已经全部国产化，国内相关公司具备制造核岛和常规岛大部分设备的能力。此外，AP1000、ERP也是我国目前在建核电站采用的第三代核电技术。AP1000由美国西屋电气公司研发，采用模块化设计建造技术及非能动的安全系统，从而提高了核电站运营的安全性。采用AP1000技术建造的核电站有浙江三门核电站1、2号机组，山东海阳核电站1、2号机组。ERP是欧洲先进的压水堆技术，安全性和经济性很高，特点是单台机组发电功率能达到175万千瓦。采用ERP技术建造的广东台山核电站1、2号机组目前为中国功率最大的机组。而我国核电"走出去"的主打品牌——"华龙一号"则完全由我国自创研发，采用了"能动和非能动相结合"的设计理念，全面贯彻了"纵深防御"的原则，在安全指标和技术性能上都具有国际第三代核电技术的先进水平。

四、我国核电产业面临的问题

（一）核电在我国能源结构中所占比例不大

核电在我国的发展一直没有提上日程，因此发展缓慢。现在核电产业虽有所增长，但是仍旧处在起步阶段，在我国能源结构中所占比例比较小。统计显示，本国发电量中依靠核能产生的电量达25％以上的国家有16个。但在我国，核能发电在全国发电量中的比例还远达不到25％，仅为3.88％，与早已开发核能投入发电的美国、法国等主流核电国家相比，我国的核能利用还有待加强，需进一步提高核电比例，将核能力量贡献到我国的总发电工程中。火力发电是目前我国电力的主要来源，可是煤炭的储量有限，更重要的是火力发电的负面影响代价实在太大，火力发电产生的污染对环境造成极大破坏。如果可以积极开发核能，挖掘核能发电的潜力，不仅可以提高我国整个发电系统的效率，还能加快生态文明建设进程步伐，为"蓝天保卫战"贡献力量。

（二）核电技术国产化程度有待提高

要想提升我国的核电水平，需要解决核电技术三方面的问题：核电设备不成熟、核电技术不成熟以及核废料处理技术不成熟。有关方面表示，我国已经具备设计和建造大型压水堆核电站的能力，但是支持实现核能发电的设备专业性太强，我国还未实现自主研发制造，发电过程中的关键技术仍旧需要国外专家进行指导。与核电设备相关的制造业在我国集中程度不高，过度分散的制造能力导致核电设备难以实现国内自产自用。此外，如何处理核能发电产生的核废料是一个必须要谨慎对待的关键点，我国现今研究的核废料处理技术与发达国家水准相比仍旧落后。

（三）核电安全运行压力持续升高

2016年，我国工作的核电机组数量在2011年的基础上增长了一倍多，新投入运作的核电机组是2011年的5倍，核电规模逐步扩大。我国高温气冷堆、华龙一号、AP1000等核电设备新机型在"十三五"期间开始崭露头角、大放光彩。可以预料，未来核电运行会以相对较快的速度攀升，但国内核电多种堆型、多种技术、多类标准、不同状态并存的复杂庞大的局面也将给我们提出更多挑战，如乏燃料增多和后续如何得当处理的难题会日益凸显。乏燃料具有高度放射性，如果不妥善处理就会危害社会和人们健康。预计到2020年，我国核电运行产生的乏燃料累计量将超过10000吨。在这种形势下，乏燃料后处理厂的建设显得尤为重要。建设大型商用乏燃料后处理厂早就已经被关注到，但出于多方面的原因，其在商用建设道路上的发展并非一帆风顺，究竟何时才能真正开展起来还不得而知。

放射性废物处理处置安全与整个社会都有密切联系，有效处理放射性废物是个关键点。依照我国核电发展趋势，核电中低放废物产生量和积累量会以较快的步伐增长。可是我国对于中低放废物集中处理思路还没有明确，实施路径也未指明，中低放固体废物处置能力建设推进缓慢，高放废物处置地下实验室尚未取得实质进展。

此外，在核电设备国产化的过程中，缺乏工程实施经验、没把握关键技术、核安全意识淡薄等事实都会导致核安全设备制造事件，重大不符合项或将呈现高发态势。

（四）核安全监管方面

1. 核安全法规标准体系有待完善

要想核电产业能够在正确的道路上顺畅运行，制度体系的规制是势在必行的。要出台政策指引核电的发展方向，还要在核电技术、核安全监管、设备制造、工程建设与管理等方面确定合理的标准，为这些方面的工作提供依据和制约，才能保障核电产业全面、合理、科学地发展。我国核电标准还没有形成一个配套体系，存在着国际标准、国内标准、第三国标准规范混合使用的情况，有待规范、整合。另外，作为核能领域核心的基本法——《原子能法》也尚未出台。

2. 监管对象多样化的挑战

核安全监管的对象太过复杂，存在着多国引进、多种堆型、多类标准和多种技术共存的格局，这给监管工作加大了难度。比如，非能动先进压水堆AP1000和欧洲先进压水堆EPR陆续进入开工建设、调试和运行阶段，监管对象的多样化增加了监管工作的复杂性和难度，对监管人员的素质、能力和专业化水平提出了更高的要求。

3. 监管队伍人力不足

核电安全监管人员数量与核电发展规模不匹配。国外核电大国的数据表明，这些国家平均每台核电机组需要的监管人力在 30~40 人，我国核电机组的监管人员还远达不到这一人数。随着核电厂如雨后春笋般落地生根，其对人员的数量要求和素质要求都将大大提升，对监管队伍的建设必须加以改善和完备。

第六节　页岩气产业发展的阶段性评价

进入 21 世纪后，在天然气价格十分低迷的情况下，美国页岩气勘探开发取得了全面突破，引发了全球范围的能源生产与消费革命，有效地降低了美国的经济成本，有力地促进了美国经济的复苏及油气独立，并使其成为世界最大石油与天然气生产国，深刻影响着全球能源地缘政治版图。2009 年，美国的页岩气产量超过中国全部天然气产量，并且呈持续快速增长态势。同期，中国经济体量跃居全球第二，石油进口及能源消费升为全球首位。中国经济进入新常态后，生态文明建设持续推进，维持庞大经济体量的持续中高速发展需要源源不断的能源供应；而转方式、调结构，尤其是发展绿色、低碳经济，要求在控制能源消费总量的同时，大力降低煤炭在一次能源消费中的比例，以推进美丽中国建设及应对全球变化挑战。页岩气开发作为国家战略性新兴产业，其发展是中国寻找新的经济增长点的现实需要。因此，大力开发国内页岩气资源，就成为保障中国能源、经济及生态环境安全的迫切选择。

页岩气是一种贮存于泥页岩中，主要以吸附及游离状态存在的非常规天然气。与传统能源相比，页岩气具有以下特点：①分布范围广、储量大。页岩气的发育具有广泛的地质意义，存在于几乎所有的盆地中。例如我国的四川盆地、塔里木盆地、柴达木盆地等都蕴藏着大量的页岩气。②开采寿命长。大部分产气页岩的分布范围广、厚度大，且普遍含气，这使得页岩气井能够长期地以稳定的速率产气。页岩气田的开采寿命一般可达 30~50 年，甚至更长。③开采难度大。作为一个新兴的非常规能源，页岩气资源的开采难度很大。开发页岩气需要大量的技术、资金和人员投入。这主要是由于以下两方面的原因：一方面，页岩气层的埋深都比较大，如美国的页岩气层埋深在 800~2600

米，我国四川盆地的页岩气层埋深为 2000~3500 米；另一方面，页岩气所具备的一些特性使得页岩气采收起来比常规的天然气困难得多。常规天然气的采收率一般在以 60% 以上，而页岩气仅为 5%~60%。

我国页岩气勘探开发实践较晚，且技术发展受国外技术影响较大，在借鉴北美页岩气开发经验的基础上，2009 年逐渐开始探索开发，到 2014 年技术研发投入达到顶峰，之后受国际油价环境影响，开发研究日趋下降。截至 2017 年底，中国页岩气勘探开发累计投资近 400 亿元，钻井 980 口。目前，我国已经形成三大页岩气产区：重庆涪陵、四川长宁、四川威远。探明储量 7643×10^8 立方米，2017 年产量 91×10^8 立方米。

一、页岩气产业发展脉络与评判

20 世纪 90 年代：该阶段针对北美页岩气开发的发展状况，进行动态跟踪与评价，总结页岩气赋存特征、北美产气页岩地质特征、开采技术等各种要素。

2005—2010 年：在研究美国页岩气开发理论和技术的基础上，开展国内页岩气研究，初步评估中国页岩气资源潜力和有利区。

2011 年至今：中国在有利区域页岩气先导试验区优选阶段，分层次地开展全国页岩气资源战略调查，对相关区块的页岩气勘探评价招标。目前，页岩气开发只有中石油、中石化两个公司成功从评价勘探阶段进入了规模生产阶段。其余中标企业大多还处于前期评价阶段，没有进入实质性开发阶段。

二、我国页岩气技术发展现状

对比常规油气，页岩气勘查更加注重"甜点"识别和获取，即依靠非震物探、地震等手段定位"甜点"位置，依靠精准水平井井迹控制和随钻导向等提高钻探准确性，依靠多种压裂技术达到最优化的储层改造。当前，中国页岩气产业发展初具规模，在钻完井、水力压裂、测录井、地球物理等技术方面基本实现国产化；但相对于具有百年开发页岩气历程的美国，中国大规模商业开发页岩气在技术上仍存在差距。

当前，中国已初步形成五大技术系列：一是"甜点"识别与储层评价技术，如地震储层识别评价预测技术、测井储层识别评价预测技术、海相页岩气地震综合评价系统、地震与测井联合预测甜点层段测井资料快速识别技术；二是水平井钻完井技术,如浅表溶洞及裂缝预测、钻井优化设计技术、国产化油基钻井液技术、长水平井固井技术、实时远程传输随钻地质导向技术;三是页岩储层压裂改造技术,如分段压裂工艺参数优化技术、泵送桥塞+射孔联作技术、水平井连续油管钻塞技术、压裂微地震监测技术;四是井工厂生产模式,如标准化设计施工信息化地面建设模式、井工厂钻井生产模式、井工厂压裂作业模式;五是环境保护技术,如含水层保护技术、钻井泥浆不落地处理技术、油基钻井屑无害化处理技术、压裂返排液重复利用技术。

此外,中国还实现了大批设备的国产化,自主研发了轮轨式、步进式钻机、国产新型 PDC 钻头、复合桥塞、可溶桥塞及配套工具,以及 3000 型、4500 型压裂车,基本掌握了 3500m 以下浅页岩气水平井钻完井压裂改造技术及设备。

三、我国目前的页岩气产业政策

中国页岩气发展有 10 来年的时间。10 多年来,国家发改委、财政部、国土资源部、国家能源局相继出台多项鼓励和扶持政策,将页岩气列入发展规划。

2008 年,《全国地质勘查规划》提出探索页岩气;2009 年,国家财政资金资助开展页岩气战略调查;2010 年,国土资源部设立川南、川东南、黔北、渝东南以及渝东北等 5 个先导试验区;2011 年,页岩气被设立为独立矿种并开放市场,同年开展了第 1 轮页岩气区块招标;2012 年,《页岩气发展规划(2011—2015)》颁布,财政部和国家能源局出台页岩气开发利用补贴政策,要求 2012—2015 年的补贴标准为 0.4 元/立方米、2016—2018 年为 0.3 元/立方米,2019—2020 年为 0.2 元/立方米,同时国土资源部印发《关于加强页岩气资源勘查开采和监督管理有关工作的通知》;2013 年,页岩气产业政策发布,第 2 轮页岩气区块招标完成;2014 年,重庆涪陵页岩气勘查开发示范基地正式宣布设立;2016 年,《页岩气发展规划(2016—2020 年)》发布,提出力争到 2020 年页岩气产量超过 300 亿立方米;2017 年,黔北正安页岩气区块出让。

四、我国页岩气开发成本现状

相比美国,中国页岩气勘探开发技术逐渐进步,施工周期不断缩短,施工成本逐步降低。从目前开发的 4 个页岩气开发区块来看，重庆涪陵焦石坝区块开发效果最好，平均钻井深度为 2300 米，水平井段长 1500 米，平均单井日产量 10 万立方米以上。水平井钻完井周期从 150 天减少到 70 天，最短 46 天。水平井单井成本从 1 亿元下降到 7000~8500 万元，开发成本为 1.85 元/立方米。威远－长宁－昭通区块，平均钻井深度为 2500 米，水平井段为 1500 米，平均单井日产量 6×10^4 立方米，单井费用 6500~7500 万元，开发成本为 2.03 元/立方米。因此，重庆涪陵、川南长宁－威远单井钻探和压裂试气的成本总体在 6500~8500 万元，开发成本平均为 1.94 元/立方米。

从数据来看，近似条件下，中国页岩气勘探开发成本是美国的 2~3 倍。在当前天然气不含税销售价格为 1.288 元/立方米、中央财政补贴为 0.3 元/立方米的前提下，页岩气开发尚处于艰难阶段。但这一成本相对于前几年已经大幅度缩减。资料显示，此前开采的单井投入高达 1.2 亿元。如何尽快降本增效是实现效益规模开发必须逾越的门槛。

五、我国页岩气产业发展存在的问题

目前，我国页岩气产业化发展正处于产业生命周期的成长阶段，制约和影响其发展的因素集中在技术、投资主体和政策效应三个主要方面，三者共同构成了页岩气产业发展的阶段性瓶颈，制约着页岩气产业化的发展。

（一）资源评估和勘探开发技术难题

页岩气产业发展是以其资源储量准确评价、核心勘探开发技术的掌握为前提条件的。目前，我国虽然在页岩气成藏机理等的基础理论和勘探开发技术方面取得了一定的进步，但对页岩气地质理论及资源评价理论、方法研究仍存在着不足，其直接结果是对页岩气资源量的认识不清。目前，国家和相关部门对页岩气资源总量的估算仅局限于主要盆地和地区，对资源总量和分布的估算认识不清，难以形成统一认识。

从页岩气产业发展对技术的内在要求看，页岩气产业发展的技术难题主要集中在四个方面：一是资源评估技术问题。我国对页岩气地质资源量的认识还存在着资源评估技术不成熟的问题。二是可动用资源评估技术问题。页岩气的气藏有别于传统的依靠圈闭而形成的气藏，这决定了可动用资源评估技术的重要性，它涉及选区和选点。目前，由于缺乏对我国页岩气可动用面积的计算方法，所以在实际操作过程中以美国经验为参考。如果以地质资源量为基础，按照美国的经验数据20%的比例来确定我国页岩气可采资源量,那么中国页岩气储藏条件与美国页岩气储藏条件之间的差异难以体现,导致可动用规模评价的不科学。三是勘探开发技术问题。我国页岩气地质具有时代久远、后期破坏严重、有机质演化程度高、储层连续性差以及埋藏深的储藏特点,这极大地降低了传统的油气资源开采方式的适应性,增加了勘探开发和产能建设的难度,必须采用水力压裂和水平井技术才能进行经济开采。虽然经过页岩气开发示范区建设的不断探索实践,我国在水力压裂和水平井技术方面取得了一定的进步,但不同区块页岩气的不同成藏机理、区块地质的差异使得已掌握的技术和方法仍因难以实现有效扩散,制约着其进步。四是技术系统化集成问题。如果从组织生态视角去认识页岩气产业化发展,那么技术创新和集成化是关键。在国家政策的支持下,经社会各界努力,我国页岩气产业在勘探、开发技术方面取得了一定进步,页岩气产量正稳步提高。但是从产业角度看,由于对页岩气产业发展缺乏系统性思考,仅重视上游环节的能力形成,而对页岩气产业的整体发展模式缺乏深入研究,我国页岩气集输设施建设、净化和利用的系统性集成能力明显不够,影响着其市场竞争力的形成,制约其发展。

(二)投资主体多元化难题

页岩气产业发展涉及勘探、开发、集输、炼化和商业化应用等多个环节,是建立在高度专业化分工基础上的,是多元主体参与合作的结果。总体上,页岩气产业具有投资规模大、回收期长的特点,是资金和技术密集型产业。产业生命周期理论认为,处于产业发展初期的企业的产品生产和市场开拓投入巨大,产品销售收入难以弥补生产成本,企业多处于亏损状态,如何缩短产业成长周期,使其快速进入成熟阶段实现盈利是其基本策略。

从页岩气产业发展阶段看,我国页岩气正处于产业发展成长初期。这具体表现在两个方面:一是页岩气产业化发展资金需求巨大。无论是单井的勘探、开发还是系统集成都需要大量的前期资金投入,一个区域的勘探开发动辄几亿到几十亿元不等。二是页岩气产业发展投资风险大。页岩气作为一种新的资源,在人们对其成藏机理的认识尚不清楚的情况下,不仅其勘探开发本身存在着巨大的投资不确定性,而且一旦形成产能,还将面临市场风险,这也是众多社会资本对页岩气投资保持谨慎行为的真正原因。可以说,页岩气产业发展的巨大资金需求与投资风险决定了其短期内的盈利能力不确定的问题,这在客观上要求建立多种融资渠道,形成多主体参与的页岩气产业开发模式。目前,社会资本普遍对页岩气产业投资持谨慎态度,投资积极性不高,其结果是整个页岩气产业投资主体仅限于中石油、中石化两个国有企业和少量的地方政府投资平台公司，难以形成多元主体参与的局面，严重制约着其规模化和有序化发展。

（三）国家政策有效性难题

立足于新时代国家发展战略调整和环境污染治理，大力发展页岩气产业不仅有利于大气污染的治理，而且将拉动基础建设投资，有利于经济增长和社会发展，具有重要的社会和经济价值。页岩气产业发展的重要社会经济价值是政府出台政策支持其发展的合理性。回顾我国页岩气产业发展历史，国家相关政策作用巨大。2011年底，国家在把页岩气作为第172个独立矿种进行管理的基础上，通过探矿权招标引入竞争，并按照2012—2015年0.4元/立方米、2016—2018年0.3元/立方米、2019—2020年0.2元/立方米的标准给予页岩气生产企业财政补贴，凸显了国家对页岩气产业化发展的重视。国家层面的一系列政策在一定程度上激发了企业参与页岩气勘探、开发的投资热情，有力地促进了我国页岩气产业化发展。然而，受制于页岩气产业化发展自身所固有的资源属性、技术、环境风险、投入成本、投资周期、短期收益等结构性要素约束，我国页岩气产业化发展滞后于国家规划目标，这一现实从客观上要求我们重新审视国家的页岩气产业政策。

从国家既有的页岩气产业政策来看，不难发现其具有以下不足：一是专项政策覆盖面不够。页岩气产业发展涉及技术创新和企业积极性调动，环节多，内容关系复杂，国家并未专门针对页岩气产业化发展出台专项的科研支持、价格补贴和新进企业的增值税、营业税以及资源耗竭补贴等政策，政策较为零散，难以形成政策合力，制约着页岩气产业的发展。二是缺乏风险防范政策。对页岩气产业化发展过程中的相关风险没有进行科学评估，对页岩气勘探开发过程中将会带来的水资源、空气、噪声污染的环境性风险评估没有相应的环境保护政策，对页岩气开发过程的危险化学品用量和处理缺乏严格标注和规范化管制，仍未走出既有的"开发—污染—治理"的资源开发模式，政策体系的不完备问题突出。

第二章 剖析与思考：西部地区新能源产业发展现状与问题

西部地区的清洁能源十分丰富，在可持续发展要求下，新能源产业发展迅速。目前，西部地区的风能、太阳能、生物质能等产业发展较为迅速。在绿色发展背景下，西部地区正在逐步提高清洁能源的消耗比例，降低煤炭等对环境污染较大的能源的使用，用风能、太阳能和核能等清洁能源来替代传统能源，朝着建设可持续发展型西部地区的目标不断前进。

第一节 风能产业链的现状

一、四川省

四川省在风电产业方面并不突出，主要是四川省的风能资源较为匮乏，被划分为"贫风区"。在风电产业发展的初期，四川省的风电站数量较少，只有7座。

《四川省"十三五"能源发展规划》指出，截至2020年，四川省的风电建成并网规模要达到600万千瓦，四川省主要风电基地凉山要达到453万千瓦，占全省的75.5%。对于风电产业的开发，要把握好节奏，在控制总量的基础上，优化建设的时间和顺序，针对不同地区的特点制订不同开发计划。对于凉山等重要基地，在国家规划的基础上进一步优化和细化；而盆周山地等其他地区，主要进行分散式的开发。在勘测风能资源的基础上，合理选址，优化风电项目管理，重视风电设备的质量提升和运行维护，从而提升风能利用水平，进一步降低风电成本。

攀枝花开展的北京天佑（攀枝花）30万千瓦风力发电项目是攀枝花首个

风力发电项目,该项目规划装机容量300.4万千瓦。攀枝花利用其资源优势和发展优势,在仁和、盐边风电场项目的基础上,实现了规模化开发风电,推动了风电产业的发展,并由此入选全国新能源建设示范城市。

四川省的凉山州是全省风电的主力军,其风能资源较为丰富,是最适合发展风电产业的地区。根据资源勘测情况,凉山州有17个县城都能进行风电开发,预计全州风电开发量能高达1500万千瓦。由大唐凉山新能源有限公司牵头的普格风电项目一、二期工程已经正式开工,该项目标志着凉山州百万风电基地项目正式开启新篇章。据行业统计,2018年1—9月,四川省新增风电并网容量33万千瓦,到9月底累计风电并网容量达到242万千瓦。

二、甘肃省

作为全国风能资源排名靠前的省份,甘肃省的风能资源储量高达2.37亿千瓦,在全国排名第五,约占全国储量的7%;技术开发量约为4000万千瓦,超过全国的十分之一;全省内10%的区域面积可利用,约为5万平方公里,分布趋势由西北向东南逐渐减少。风能资源丰富区为河西地区北部区域,年平均有效风功率密度在150瓦/平方米以上,有效风时数在6000小时以上;可利用区为河西地区南部和省内其他北纬40°以北的乌鞘岭、华家岭等高山地区,约占全省面积的24%,年内有效风能储量400~800千瓦时/平方米,年平均有效风能密度80~150瓦/平方米,年有效风时数4500~6000小时。同时,酒泉市瓜州县位于河西地区,有着"世界风库"的称号,目前正在建设世界级别的风电基地。此外,甘肃省的玉门市、金塔县和肃北县马鬃山镇、阿克塞县等地区也有着较为丰富的风能资源,为风电产业的发展奠定了较好的基础。

(一)甘肃省风能发电产业发展现状

甘肃省的风电产业发展迅速,是全省经济社会发展的有力支柱。截至2018年底,全省装机容量5112.5万千瓦,同比增长2.35%。其中,风电装机1282.13万千瓦,与去年同期持平。2018年,全省发电设备平均利用小时数累计为3252小时,同比增加466小时,增长16.73%。其中,风电1772小时,同比增加303小时,增长20.63%。到2020年,酒泉市风电装机容量将达到2000万千瓦,总投资达1200多亿元。作为我国第一个千万千瓦级的风电基地,甘肃酒泉千万千瓦级风力电场也是目前世界上最大的风力发电基地,已建成的风电装机占到全省的71.4%,约为915万千瓦。该电场对西部大开发的意义重大，被誉为"风电三峡"。目前甘肃省已经全面启动了基地的建设工作，省委、省政府按照战略目标，布局了32个风电场，已投入资金524亿元。项目一期工程基本全面完成，风电装机达380万千瓦，投入资金149.85亿元；二期工程目标是实现风电装机800万千瓦，已完成初步的可行性评价，并且完成了国家审核评估，其中第一批300万千瓦风电项目已上报国家发改委，即将开工建设。金武风电基地、张掖平山湖、404矿区等百万千瓦级风电场和白银、定西、庆阳等中东部地区风电场规划工作也正在开展。

目前，32家国内知名风电设备制造企业，包括国电电力、中国国电龙源集团、中海洋、中广核集团、大唐集团、中国电力投资集团、华能新能源、中国节能、华能国际、中水建、国投华靖、甘电投、华电、中水投等，纷纷在荒凉的戈壁滩安营扎寨，开辟战场，投资开发风电，资金总投入达到83.5亿元。国内最大的新能源装备制造产业基地已具雏形。

甘肃风电主要集中在酒泉地区，也就是河西电网末端。由于需要将风电集中上网送出，根据现有的电网建设情况来看，存在着输送不足的问题。因此，甘肃各地区正在加快输送电网的建设，力求与风电集中上网的需求相匹配。预计电网建设投产后，只有酒泉和张掖地区仍需依赖河西主网，其他地区风电量可通过与地方电网连通后就地消纳。

（二）甘肃省风能发电产业发展的优势和劣势

1. 风能产业发展的优势

甘肃省具有充足的风能储量，拥有较为优越的风电开发的基础条件，并且具有得天独厚的地理优势——其可开发利用的资源主要集中在河西走廊片区，而该地区较为广阔且可利用的面积广，可以进行连片开发，也为建设大型的风电项目提供了有利条件。与国内其他风能储量较多的地区相比，甘肃省发展风电产业有其独特的优势：

（1）气候条件好，可保证设备安全稳定运行。

甘肃气候条件主要有以下三个特点：第一，甘肃位于内陆，因此其风力冬天和春天较强，夏天与冬天较弱，与水电呈现互补关系；第二，甘肃的风速处于较稳定状态，全年变化较小，几乎没有破坏性的因素；第三，甘肃全年雨水较少，因此湿度相比其他地区要低，全年最低温度不会低于零下29℃。以上三个特点为风电设备的安全稳定运行提供了良好的条件。

（2）风电场场址面积大，有利于风电场开发建设。

甘肃适合进行风电开发的地区大多位于平坦的荒滩上，避免了占用耕地的问题，也没有移民的困扰，很大程度上降低了土地成本。同时，荒滩较为平坦开阔，有利于成片开发风电场。

（3）具有地理优势且交通便利。

甘肃的地质构造基本稳定，地质条件优良，最大冻土深度约为 2 米，具备优良的基础建设条件，可大大减少风电场建设成本。同时，甘肃省风能资源聚集地的交通较为便利，铁路和高速公路建设较好，风电设备的运输十分方便。

2. 风能产业发展的劣势

风力发电产业发展迅猛，风电已经成为当今世界非常重要的能源之一。据相关数据统计，风力累计装机容量年均增长速度超过 24%，风电产业的发展空间广阔。甘肃要大力发展风电产业，必须要克服目前存在的以下四个问题：

（1）风电电网和电源建设不足。

目前甘肃省风电的规划建设较好，但是电网与风电的衔接还有待完善。根据规划，未来甘肃省河西地区作为核心地区的装机容量无疑是巨大的，然而交流电网的容量远远不足以将电力外输，并且网架较薄弱，风电很容易对河西电网造成损害。因此，电源与电网的建设与风电场的建设同样重要，必须要从宏观上进行匹配，提升河西地区的电力外输的能力。

（2）行业投资过热与微利竞争的矛盾。

由于煤炭等常规能源价格处于较高水平，对于新兴的风电行业，许多电企都较为看好，认为风电能源的收益会高于火电，因此纷纷加入风电行业，并在投标时以较低价格来提高中标概率。然而，风电价格实际上大大高于火电价格，这对风电企业提出了较高的挑战，如何在风电行业中合理投资、如何在利益较低时提升竞争力、如何在竞争激烈的情况下降低投资成本都是需要解决的问题。

（3）电网调峰能力不足。

电网的调峰能力不足是甘肃省目前需要解决的问题。要提高调峰能力，就要建设其他的非风电电源。就甘肃省而言，在加快风电基地的建设步伐时，也要注重与其他资源的互补，充分发挥其他资源的作用，比如煤炭和太阳能等，让风电和火电、光电等相互联网，提高调峰能力。例如，将酒泉的风电与青海的水电联网是目前比较可行的办法。青海发展最好的就是水电，这种互补方式是比较有效的。

(4) 风电输出效益较差。

业主和电网企业的经营效益主要受风电输送和消纳的影响，而目前输送成本较高、消纳的经济性不太可观。目前甘肃省风电上网电价约为 0.33 元/千瓦时，这个价格又大大高于其平均购价，风电作为甘肃省发展较好的产业，是电网企业购电的主要来源，从而造成了购电成本较高这一问题。同时，业主开发风电的经济性低于预期水平，发电收入较预期大幅减少。

三、陕西省

在新时代背景下，发展新能源产业对于构建多元化能源体系和促进产业结构调整有重要意义，而陕西榆林是全国风能资源较为丰富的地区之一，大力发展风能是陕西榆林的必由之路。榆林长城沿线的测风塔大约高 10 米，平均风速为每秒 5 米左右，境内年有效风时数在 4114 小时以上，风能功率平原地带密度为每平方米 225 瓦，山顶可达 425 瓦。

近年来，通过招商引资，已有中国华电、中国大唐、山东鲁能、中国电力投资集团、中国国电、中国华能等多家电力公司先后投资榆林风电，投入资金超过 50 亿元。目前，榆林已有 6 个风电项目，包括鲁能靖边席麻湾、国电定边繁食沟、华能靖边龙洲、乔沟湾风电场、国电靖边草山梁、大唐定边张家山，总装机容量达 49 万千瓦。正在建设的有宁夏发电集团 4.95 万千瓦风电、中电投李家梁一期风电、靖边县的华能靖边龙洲风电三期、中铝宁夏发电二期 4.95 万千瓦风电、定边县华能定边分散式风电场示范基地、龙源高家沟风电一期等 8 个项目。这些项目总投资 520 亿元，目前已累计完成投资 26 亿元。

据预测，如果榆林目前在建项目和已签约项目全部完工，风电装机容量将接近 270 万千瓦。如果将其一年发电量换算为火电，大约等于 1000 多万吨煤的发电量。此外，还有 5 个意向项目也正在逐步开展，项目前期工作基本完成。

第二节 太阳能产业链的现状

一、四川省

四川省在太阳能产业方面发展较好,被称为"光伏第一省"。近几年来,四川省光伏产业发展迅速,已经拥有了比较突出的产业基地。在相关政策和政府的支持下,再加上自身的资源基础,四川省充分重视光伏产业,给光伏产业的未来带来了无限可能。四川省人民政府发布的《关于印发四川省"十三五"能源发展规划的通知》(以下简称"通知")指出,"十三五"期间要科学有序地发展新能源。根据新能源项目的特点,在"三州一市"这几个主要地区开发利用太阳能,引进光伏项目,优先考虑分布式发电,对光伏扶贫项目给予重视,对技术先进的光电项目大力支持,从而实现对光伏的最大化综合利用。按照规划,预计"十三五"期间,光伏发电建成并网规模达到250万千瓦。以下是川内重点地区光伏产业发展情况概述。

(一) 攀枝花

攀枝花地理位置较为特殊,由于其海拔较高,因此一年四季中日照时间远远大于其他地区。太阳能资源较多是其他地区无法与之相比的一大优势。目前攀枝花光伏产业发展良好,其中比较突出的有竹林坡(大麦地)50兆瓦光伏发电项目。该项目截至目前已投产预期的68.62%,光伏组件以及输电线路工程基本完成。

(二) 凉山州

凉山州除了风能资源丰富外,日照也比较充足,太阳能资源同样丰富。凉山州发展光伏产业的方向主要是农业,通过光伏打造现代农业产业园。凉山州在2016年7月建成光电60万千瓦,在建光电10万千瓦。同时,德昌县打造100兆瓦光伏现代农业产业园。该项目致力打造高科技农业,在光伏农业大棚中进行种植,形成园区化的经营和平台化的运作。该产业园有四大功能:一是展示区,凸显特色;二是特色产品种植,经营特产;三是对部分产品进行深加工；四是增加了休闲娱乐板块。目前，凉山州共建造410个光伏农业大棚，并且相关的配套设施较为齐全，是凉山州的一大特色产业园之一。

（三）乐山市

根据四川省产业规划，乐山市科学有序进行部署，在光伏产业领军企业（天威、汉能、尚德）的带动下，建立了比较系统和全面的产业链，囊括了硅片、组件及光电系统，并形成了光伏产业集群。乐山市在加大对光伏项目的投资力度的同时充分利用其多晶硅规模优势，并有序完善其产业配套设施，光伏产业有了较快的发展。此外，乐山市努力制定光伏产业的标准，并逐步向外推广，加上其有许多晶硅材料的项目，相信在不久的时间内晶硅光伏产业会达到国内领先水平。规模总量上，力争到2025年，高纯硅料、太阳能电池及组件产能分别达到11万吨、10GW，全市光伏产业主营业务收入达到600亿元。

（四）"甘眉工业园区"

2012年，甘孜州和眉山市联合出资打造了"甘眉工业园区"，也被称为"飞地"工业园区。凭借眉山市铝硅产业园区完善的基础设备，利用甘孜州丰富的太阳能资源，在国家政策的大力扶持下，其产业发展已经较为成熟。目前该园区已经汇集了92家企业，该园区产业主要以有色金属、新能源、新材料为主，是四川省"51025"重点产业园区之一。2017年6月，甘眉工业园区已经开工建设了中国建材集团投资的1.0GW铜铟镓硒（CIGS）薄膜太阳能电池组件项目。CIGS薄膜太阳能电池技术是全球最具竞争力的太阳能电池技术，是未来光伏领域发展的重点对象。

二、青海省

太阳辐射较多赋予了青海省得天独厚的资源优势，加上其积累多年的新能源建设经验，青海省的新能源产业在近几年的发展可谓又快又好。一是在电源方面，由原来的单一用户发展成大型的光电站。二是在技术方面，青海省不仅开展省内和国内的技术交流，更是与国际接轨，进行技术探索和经验借鉴。三是在基地建设方面，青海省致力于打造全国示范性的光伏发电基地，增强硅材料的生产能力，提高太阳能资源的综合利用率。目前，青海省已形成6000吨多晶硅生产能力，成为我国太阳能硅材料生产的主要基地之一。四是在新能源产业的培育方面，青海省将目光放到世界新能源的发展上，从战略层面上进行总体规划布局,严格地按照计划一步步推进,相信在未来青海省的新能源产业会更加辉煌。

(一) 青海太阳能发电产量现状

截至2017年底,青海太阳能发电量达到113亿千瓦时,居全国之首;集中式光伏电站装机容量791万千瓦,同比增长16%,位列前茅;4个光热发电项目、2个光伏发电应用领跑基地、2个多能互补集成优化示范工程入选国家示范项目名单;海南藏族自治州的基地建成光伏达到349万千瓦,海西蒙古族藏族自治州基地建成光伏达到372万千瓦。国家新型能源产业基地正在稳步推进。此外,2017年青海省在扶贫光伏方面成绩不菲,建成扶贫光伏11万千瓦,对2200户以上的贫困户进行了扶贫;885个小城镇中心村实施了农网改造升级,70个贫困村通了动力电。光伏产业已成为青海一张自带金边的亮丽名片。截至2018年7月末,青海电网总装机达2778万千瓦,其中,太阳能为961万千瓦。青海太阳能发电累计上网电量已超450亿千瓦时,省内共有太阳能(含光热、不含分布式光伏)电站274座,新能源发电装机容量1227.9万千瓦,占统调总装机容量的43.8%。

(二) 青海省太阳能发电规划

按照规划,到2020年,青海省将建成太阳能并网发电9800兆瓦,离网发电项目31兆瓦,太阳能热水器集热面积达27万平方米,太阳灶85万台,公用建筑太阳能采暖房5530栋,太阳能路灯12000盏,牲畜暖棚13万栋,建筑光伏80兆瓦,日光温室35万栋,家用太阳能采暖房24万栋。青海省从光伏项目入手,通过对并网发电项目的投资,推动光伏产业链的完善,努力让青海建成国内领先的光伏发电基地。目前,青海正在开发以新能源为基础的特色优势产业,主要以"三区"为重点,即柴达木循环经济试验区、西宁经济技术开发区和海东工业园区,打造具有青海特色的现代工业体系,为全国循环经济发展做出贡献。

(三) 青海省太阳能发电基地发展现状

产业集群化发展不仅对经济发展十分重要,也是未来新能源产业发展的趋势。青海省的重点工业园区——柴达木循环经济试验区,目前正在推进集合了太阳能、光热发电以及其他新能源为一体的集群化发展。当然,作为全球最大的太阳能发电基地,柴达木盆地创造了多项世界纪录,如建成最大光电并网工程，首次实现千兆瓦及光电并网。目前青海柴达木循环经济试验区已开工建设40个太阳能光伏、2个太阳能光热和5个风能发电项目，新能源产业已进入实质性开发阶段，呈规模化发展趋势。

太阳能的开发利用更是改变了塔拉滩，给曾经的不毛之地带来了生机。塔拉滩原来沙化较严重，几乎可以说是荒漠，而现在的塔拉滩道路旁边有许多的太阳能光伏板，植被也重新回到了这里，这是光伏生态发电园建设的缘故。从2012年开始，海南州发现塔拉滩这一地区海拔较高，拥有较长的光照优势，开始推进生态发电园的建设。这是全国首个高级别光伏生态发电园，即达到了千万千瓦级。2012年，园区规划的光伏总装机量为2700兆瓦。经过几年的发展，园区征地面积不断扩大，达到13万亩，装机容量也增加了7倍以上。目前，塔拉滩的太阳能光伏园区共入驻企业42家，总装机容量4495兆瓦，建成并网发电4445兆瓦，年平均发电量达60亿千瓦时。未来，海南州也将努力推进生态光伏园区建设，计划到2025年，将其面积扩至609.6平方公里。

新能源产业基地的发展所带来的一系列经济效益和社会效益是非常巨大的：一方面，能促进青海省的环境改善和当地百姓的生活水平的提高；另一方面，从国家角度来说，这对我国的经济转型和升级具有重要意义。持续发展光伏产业，充分利用太阳能这种清洁且可再生能源，加快新能源基地建设步伐，是当前绿色发展背景下实现环境友好省目标的必然选择，也是缓解我国资源缺乏的最优选择。

三、甘肃省

近年来，国家为了鼓励西部大开发，制定了许多的优惠政策，在财政支持下，甘肃省的太阳能产业有了很大提升，尤其是太阳能热利用，太阳灶的推广在全国可称得上是首屈一指。

甘肃是我国太阳能最为丰富的三大省区之一，年平均日照时数为1700～3320小时，年平均太阳能总辐射量为4800～6400兆焦耳/平方米。各地区太阳能季节差异特征明显：东南部的陇南地区，全年日照时数为1700～1900小时，年辐射量为4800～5400兆焦耳/平方米；陇东及中部地区，全年日照时数为2000～2600小时，年辐射量为5100～5700兆焦耳/平方米；西部的河西走廊和西南部的甘南草原，包括酒泉、武威、嘉峪关、张掖、金昌五市，是太阳能最丰富的地区，全年日照时数为2600～3300小时，年辐射量为5500～6400兆焦耳/平方米。位于河西走廊的酒泉是我国首个千万千瓦级风电基地，已建成风光伏发电装机 200 万千瓦,占甘肃全省的 24.8%。全国首批 20 个光热发电示范项目中,已有 8 个在酒泉落地,在建光热发电装机 55 万千瓦。荒漠化未利用土地上的太阳能年辐射总量达 142 万亿千瓦时,年发电量可达 15.3 万亿千瓦时。

(一) 甘肃省太阳能发电量现状

据统计,2014—2017 年,甘肃省累计光伏发电量达到 230 亿千瓦时。截至 2018 年底,全省装机容量 5112.5 万千瓦,同比增长 2.35%。其中,光伏发电装机 839.35 万千瓦,同比增长 6.83%。2018 年,全省完成发电量 1598.63 亿千瓦时,同比增长 19.14%。其中,光电 95.02 亿千瓦时,同比增长 29.31%。2018 年,全省发电设备平均利用小时数累计为 3252 小时,同比增加 466 小时,增长 16.73%。其中,光电 1317 小时,同比增加 199 小时,增长 17.8%。

(二) 甘肃省太阳能发电产业的优势和劣势

1. 太阳能发电优势

资源储量是一个地区能否发展该资源的前提条件。甘肃省具有得天独厚的地理和气象条件,太阳能资源富足且光照时间长,主要集中在河西西部和甘南西南部。有数据显示,甘肃省年太阳能总储量为 72 万亿千瓦。资源集中地地势平坦开阔,且大多为沙漠和荒漠,交通非常便利,大大降低了开发利用水平,为开发建设大型太阳能基地奠定了良好的基础,形成了甘肃发展太阳能产业的一大优势。

2. 太阳能发电劣势

甘肃省虽然资源丰富,但是其处于经济发展并不发达的内陆,产业链还未形成,对于太阳能产业的发展造成一定的阻碍。同时,甘肃省没有拥有核心技术,大多数技术均为引进,技术的提升动能不足。光伏产业技术的推广不仅受到成本的制约,还存在市场的问题。此外,扶持太阳能产业的财政资金比例较低,不利于甘肃光伏产业的发展。

(1) 成本高昂。

太阳能发电有两种方式:一种为光伏发电,另一种是光热发电。两种方式的成本有所不同。光伏发电成本较高,因此其价格也相应较高。要进行商业化的推广，成本是非常关键的一个问题，它决定了推广的可能性和范围。目前太阳能发电的初始投入较大，其价格也达到常规发电的3~15倍。与城乡电价相比，并网型用户的太阳能发电的价格要高得多，约为6倍。在这样巨大的差距面前，电网公司的选择非常明显。

（2）技术薄弱。

技术薄弱是甘肃发展太阳能产业的又一大突出问题。在产业体系较不完善的情况下，整体研发能力低下，技术水平亟待提高。以太阳能电池与逆变器为例，其转化比例较低。

（3）市场发展滞后。

目前甘肃省面对的光伏市场具有较大的局限性，不仅需求较小，而且不具有稳定性，几乎没有系统的发展机制。此外，甘肃地处内陆，很难与国际市场对接，即便国际需求较大也难以带动甘肃省的市场。

四、陕西省

近几年，陕西省光伏产业不断推进，呈现快速增长的状态。数据显示，2017年陕西省太阳能发电量为34.25亿千瓦时，与其他能源发电相比，太阳能发电的增长位列第一，达到31.9%。陕西省《可再生能源发展"十三五"规划》指出，到2020年，陕西省力争建成太阳能发电项目500万千瓦。陕西省的靖边县已经建设了4个光伏电站，分别为国电、国华、陕光伏和华电，装机容量5万千瓦。还未完成的项目有6个，主要是对已完成项目进行扩建，比如靖边1万千瓦、国电5000千瓦。同时，还有17个项目正在对接中，正在办理前期手续。项目合计将投入资金445亿元，已投入5.1亿元。根据预计，当所有项目建成后，装机容量将达到375万千瓦。

陕西榆林太阳能资源较为可观，平均一年的日照时数在2700小时左右，在太阳辐射方面，每平方米可以达到6000兆焦耳。其中，具备建设光伏电站基础的又以定边县、靖边县两县为主。此外，榆林市充分重视光伏扶贫，制定了"十三五"光伏扶贫规划，并提出到2020年底，榆林市光伏扶贫总装机容量达54万千瓦。其中，村级电站规模达17.7万千瓦，集中式电站规模达36.4万千瓦。

2018年一季度，陕西全省太阳能光伏行业20户重点企业累计完成工业总产值93.75亿元，同比增长18.9%。其中，生产硅片25442万片，生产太阳能电池组件功率合计1747兆瓦，生产光伏玻璃1108万平方米，同比分别增长

2.58%、40%、3%,增长势头良好。陕西省在光伏产业方面培养了一批优秀的龙头企业。例如隆基绿能企业在2018年一季度实现产值25.37亿元;而隆基乐叶更胜一筹,实现收入29.16亿元,增长率高达24.5%。同时,陕西省在太阳能电池组件方面也取得了不菲的成果,共计生产780兆瓦,增长率超过60%。

虽然,陕西省太阳能产业发展较快,但不利因素仍然较为突出,主要表现在两方面:一方面,电力市场发展较滞后,总体供大于求。在这样的市场里,如何将生产出的光电进行输送并打开市场,是未来陕西省需要重点考虑的问题。另一方面,光电上网对于发电量的限制较高,这对光电产业的发展也有一定的制约。在两大不利因素的影响下,陕西北部部分区域已经出现弃光限电问题。

第三节 生物质能产业链的现状

一、四川省

四川省目前在生物质燃料、沼气和生物质发电方面都在推进相应的发展,以下对其发展现状进行简要介绍。

(一) 生物质燃料发展现状

在生物质能产业方面,四川省生物质能资源储备丰富,且配套的人才队伍较为优秀。在技术方面,对林木生物和燃料乙醇的开发较为成熟。同时,四川省对麻风树种子提炼成柴油的技术已经处于国际领先地位,并初步实现产业化。目前,攀西金沙江干热河谷地区已建立了20余万亩麻风树种植基地,建成了5000吨生物柴油生产工艺中试装置。四川省燃料乙醇的提取技术也已相对成熟,并且其用于生产燃料乙醇的红薯等原材料储备丰富,红薯的种植面积已经在全国排列前位。

(二) 沼气发展现状

四川省的沼气产业发展较快,不仅有着全国唯一的国家级沼气研究机构,并且已形成了一个独立发展的产业。经省政府考核认定，攀枝花、成都、遂宁等3市被认定为沼气化市，在未来，四川省东北部将形成一个沼气化的片区，解决四川省超过一半城市的能源供给问题。2012年，四川省先后审批了32个畜牧业重点市县，全力推进规模化养殖场、养殖小区沼气工程建设，满足该地的能源需求，同时给其他市县进行经验分享，成为模范试点工程。2013年4月，省环保厅召开"成德绵眉山资阳地区秸秆禁烧和综合利用会议"，成都、德阳、绵阳、眉山、资阳等5市制定了2013年秸秆禁烧和综合利用实施方案，重点推行生物质固态成型燃料技术。

（三）生物质发电现状

2012年，四川省获得企业一批新的生物质发电项目，这些项目分属凯迪电力、国能生物和成都佰能3家。其中，凯迪电力一家就拥有7个项目，国能生物和成都佰能各有两个项目。每个项目装机容量均为3万千瓦，总装机容量超过30万千瓦，总投资30亿元左右。其中，已有5个项目动工建设。生物质发电项目分别位于广元、达州、绵阳、凉山、南充、巴中、眉山、遂宁、乐山等9个市州，都是以秸秆作为燃料，不考虑损耗和其他情况，每个项目年消耗量为20万吨秸秆。按照这个标准计算，川内项目将消耗200万吨以上的秸秆，一年可以少燃烧煤80多万吨，约可以少排放二氧化碳180多万吨，为减轻温室效应做出巨大贡献。据估算，四川省每年大约产生4000万吨秸秆，其中二十分之一就可通过此途径转化为能源。2014年，越西县与四川德华新能源开发有限公司签订投资框架协议，授权德华新能源公司在越西县乃托工业集中区大寨拓展区投资建设凉山州首个农林生物质发电项目。该项目发电装机3万千瓦，总投资3.3亿元。项目建成投产后，年发电可达7500小时，年发电量可达2.25亿度。同时，每年将消耗各类秸秆废弃物22万～25万吨，减排二氧化碳20余万吨，将在环保、经济和社会发展方面发挥积极效益。

二、甘肃省

生物质能是一种可再生能源，实质上就是太阳能通过能量转化成化学能，然后储存在生物质里。由于它的形成主要与自然界中的光合作用有关，因此具有用之不竭的特点，并且它可以转化为各种形态的燃料，是碳源里面的可再生资源。按其来源划分，生物质能可以分为五大类，分别为林业资源、城市固体废物、生活污水和工业有机废水、农业资源和畜禽粪便。甘肃省的生物质能产业虽然在国内并不突出，但由于其农业较为发达，因此其未来的发展空间非常广阔。

（一）甘肃省生物质能产业发展现状

作为一个农业大省，甘肃的可利用生物质能资源主要有农作物秸秆、薪柴、畜粪及城镇生活垃圾等。全省农业生活和生产所需能量超过一半来自生物资源，其中又以秸秆为主，包括小麦和玉米等农作物，占比达30%以上。但实际上甘肃省的秸秆资源并不富足，人均占用也不高。除了秸秆以外，薪柴也是利用较多的生物质能。薪柴主要来源于灌木林或者是对部分树林进行修剪，也有部分是林木加工所剩下的原料。此外，部分地区存在违法砍伐林木的情况，如果不及时采取相应措施，尤其是在薪柴需求较高的情况下，会对生态环境造成严重的破坏。再其次是畜粪，约占到11%，在整个省内分布较为分散，主要来源于牧区。

据相关数据，甘肃省农作物秸秆产量达2000多万吨，畜禽粪便1000多万吨。农作物秸秆和畜禽粪便主要集中在张掖、武威、定西、庆阳、天水、平凉、陇南和甘南地区，林木和薪柴主要集中在陇南和甘南林区。

甘肃省从农户着手，推广清洁能源的使用，减少了传统用能的频率，改善了农村原有的用能结构，例如，以沼气代替薪柴，通过对生物质炉的推广减少传统柴灶的使用，将液化气替换为生物质燃气等。在多种清洁能源综合利用下，很大程度减少了对环境的破坏，加快了生态文明省的建设进程。

（二）甘肃省发展生物质能的优势与劣势

1. 发展生物质能的优势

甘肃省发展生物质能产业的优势主要体现在以下三方面：第一，甘肃省的农作物资源较为丰富，种类繁多，有小麦玉米，也有棉花和菜籽等，产量较为可观，达1500万吨，然而利用水平有待提高，目前的综合利用率未达到40%，成长空间广阔。因此未来应提高以农作物为基础的生物质能的开发力度，不仅能起到节约能源、提高能源自足率的作用，同时也能实现碳排放的减少，改善生态家园，缓和温室效应。第二，甘肃省区块分明，可以根据自身地理和生产分布情况发展生物质能，例如林区主要发展薪柴，而草原区主要发展畜粪。有针对性地进行开发利用，不仅在降低成本的同时带动了当地经济的发展，还改善了生态环境，可为后代创造更美好的家园。

2. 发展生物质能的劣势

对于生物质能的发展，甘肃省仍处于初始阶段，利用率还处于较低水平，存在以下两方面的制约因素：一方面，运输存在一定的困难，且成本较高，制约了生物质能的发展。秸秆经过气化，体积密度较小，储存难度大，运输成本高，造成大型电厂难以充分利用。另一方面，生物质能的开发是一项非常复杂的工程，涉及了多行业的相关技术。然而，甘肃省的相关技术还有所欠缺，且管理机制还不够完善，需要引进有经验并且有学科知识的专业人才，实现甘肃省生物质能的突破性的发展。

三、云南省

云南省有着丰富的自然资源，几乎囊括了我国从热带、亚热带到寒带的大部分植物种类。云南省有农田458.85万平方公里，占云南省土地面积的11.6%，可长期稳定地提供农作物秸秆等生物质资源。云南省拥有丰富的林业资源，现有林地面积2212.87万平方公里，大约每年可采集木质燃料资源500万吨，可长期为云南省提供大量秸秆、木材、渣滓以及其他林业生物质。云南省不仅生物质资源总量丰富，还有着独特的生物质能种类优势。由《全国林业生物质能源发展规划（2011—2020年）》可知，云南省目前有油桐39683平方公里，每年果实产量约为1.2亿~4.0亿千克；小桐子4836平方公里，每年果实产量约为1400万~2000万千克。在国家能源结构正逐步转型的背景下，云南省可依托其得天独厚的气候条件和自然环境所造就的丰富的生物质资源，努力促成生产工艺的提升，大力发展生物质能源产业。目前云南省乃至全国都面临着能源不足的问题，发展生物质能是必然趋势，也是最佳选择。将云南省大量的生物质资源充分利用，发展生物质发电，制造生物柴油，制成燃料乙醇，对云南省能源结构的调整具有重要意义。

近几年来，云南正努力朝着国家级的绿色能源基地方向前进，并积极推广燃料乙醇，争取成为试点省份之一，从而带动燃料乙醇行业的高质量发展。目前，生物质能的开发引起了国内外的广泛重视，因为其不仅与农业和农村息息相关，也是国家缓解能源问题的方向之一。我国目前要开拓新的能源、保证国家的能源安全，开发生物质能意义非凡。生物质能作为我国的第四大能源，在能源系统里具有不可替代的重要作用。我国计划在2020年实现替代1000万吨成品油的目标。为实现该目标，我国正在加快生物质能产业的发展进程，高产能源作物的种植数量大幅增长。高产能源作物是燃料乙醇的必备原料之一,因此,该举措必将促进生物质能的发展。

在这种形势下,云南省正积极建设全省首批10户燃料乙醇定点生产企业项目。项目对生产企业提出了较高的要求,要求这10户企业在建设期结束后,第一年必须达产30%,第二年达产70%,第三年全额达产。此外,6户备选定点生产企业项目也在开展中。同时云南省积极推进原料基地建设,确保投产后的原料供给。云南省将力争形成年产燃料乙醇50万吨的生产能力,并在当年实现生产燃料乙醇15万吨。此外,云南省经委每年都对燃料乙醇生产企业进行严格的考核,并向外发布情况。根据考核要求,一旦有两年没完成目标考核,取消其资质,并选择备选企业。

第四节 核电产业链的现状

一、四川省

四川省享有我国核工业"半壁江山"的美誉。在核工业60多年产业发展历程中,四川省在核电领域已形成了得天独厚的人才优势、技术优势和产业优势,已经形成集核电装备科研、设计、试验、制造、安装、原材料供应、管理和技术服务于一体的综合比较优势。四川省目前已具有了较强的核电科研和设计队伍,具备了力量雄厚的科研技术,形成了核燃料元件制造,核电核岛主设备和常规岛汽轮发电机制造,核电二代、三代主管道制造,核级电缆制造,核级阀门制造,核级材料制造等较为完整的核电装备产品链。

(一)拥有引领行业的综合性核动力研发基地

位于成都的中国核动力研究设计院,是我国唯一的集科研、实验、设计和小规模生产于一体的综合性核动力研发基地。该院承担了方家山、福清、昌江、红沿河、宁德、阳江等国内几乎所有二代改进型核电站的核蒸汽供应系统设计,具备核蒸汽供应系统集成采购能力;形成了将应用于福清5、6号机组及对外出口项目的具有自主知识产权的三代核电技术"华龙一号",同时完成了引进三代核电技术AP1000的消化吸收工作,具备自主工程设计能力。投资超过30亿元、占地1025亩的中国核动力研发基地项目的一期工程已全部建成，二期工程已正式启动，计划用10~15年时间打造成配套完善、世界一流的综合性核动力研发平台。核工业西南物理研究院和中国工程物理研究院承担着核聚变新能源研发任务，参与了国际热核聚变实验堆（ITER）计划的研发工作。

（二）拥有国内领先的核电装备制造企业

东方电气作为我国三大发电设备制造基地之一，已形成了火电、水电、核电、气电、风电、太阳能发电"六电并举"的产品格局，其所属的以东方电机、东方汽轮机、东方锅炉、东方广重、东方武核、东方阿海珐为核心的核电设备制造企业已形成了比较完整的核电产业集群。20世纪90年代以后，东方电气开始制造核电设备，并在国内的核电机组中发挥了重要作用。国内一共有28个在建核电机组，其中的78%都由东方电气提供相应的主设备。东方电气核岛主设备批量生产能力包括压力容器年均产能4~6套、堆内构件4套、控制棒驱动机构4~6套、稳压器6~8套、蒸汽发生器及主冷却剂泵12~18套等。在常规岛设备方面，作为成功制造世界首台1750MW级汽轮发电机组的企业，东方电气具备年产6~8套汽轮发电机组的能力。四川川开实业发展有限公司具备核电机组1E级开关设备、1E级励磁装置、堆芯支承装置结构件、堆顶结构等的制造能力。四川华都核设备制造有限公司和成都瑞迪机械实业有限公司已分别形成年产2套和1套百万千瓦级压水堆核电机组控制棒驱动机构的制造能力。此外，四川锅炉有限责任公司、夹江水工机械有限公司、成都发动机（集团）有限公司等一批川内企业也具备核电相关产品的供货能力。

（三）拥有一批核电关键原材料制造企业

中国第二重型机械集团公司（简称"二重"）是我国最大的重大技术装备研制基地之一，在核电产品研制上走专业化路线，核电大型铸锻件研制取得了重大突破，是世界少数几家能够成套提供核岛和常规岛大型铸锻件的企业之一。目前，二重是国内承担核电大型铸锻件数量最多、品种最全、质量最优的企业之一，是国内唯一能够批量生产包括蒸汽发生器管板、半转速发电机转子和气缸的企业，也是世界上唯一通过AP1000主管道热段评定的企业，承担了世界上第一台、第二台AP1000核电站主管道的研制工作。四川三洲川化机核能设备有限公司具备百万千瓦级压水堆核电站主管道生产和管道预制批量化生产能力，在我国二代改进型核电站主管道制造的市场占有率达70%以上。长城特殊钢有限公司具备研制690换热管的基础。

位于宜宾的中核建中核燃料元件有限公司是我国目前最大的压水堆核电燃料组件生产基地。该公司长期致力于核燃料元件的制造，掌握多种先进类型核燃料元件制造技术，具备300MW、600MW、900MW、1000MW燃料组件和相关组件制造能力及全堆芯核燃料元件供应能力，被誉为"核电粮仓"。此外，四川省核工业地质局是西南地区放射性矿产地质行业管理部门，在放射性资源勘查等领域取得了优异成果，曾获得40多项国家和省（部）级奖，为国家核武器、核电的发展做出了重要贡献。

在国家政策的支持下，为抓住新能源产业发展的机遇，成都双流区凭借目前已经拥有的10多家核能产业重点院所和企业，并且在中国核动力研究设计院的技术研发基础上，将着力研发国内核能技术，形成核电装备制造企业集聚发展，最后将研发成果转化在双流区建设国家级民用核能产业基地。2015年该基地带动企业实现了100亿元产值。同时，成都双流区加快对第四代核反应堆的研发，在此基础上，形成核电技术设备产品集成中心、采购中心，并构建民品产业集团。成都双流区与中国核动力研究设计院进行院区联合，并与东北佳木斯电机股份有限公司、中核高通同位素股份有限公司等几家企业合作，共同打造中国"核能城"。

二、广西壮族自治区

目前，广西壮族自治区核电产业的发展主要依托防城港核电站。防城港核电基地规划建设6台百万千瓦级核电机组，一期工程规划建设两台单机容量为108万千瓦的CPR1000压水堆核电机组。其中，1号机组已于2010年7月30日正式开工建设，并于2015年10月25日实现并网发电，2016年1月1日正式投入商业运行；2号机组于2015年12月24日开始热态功能试验。

自2016年10月1日一期工程全面建成投运以来，防城港1、2号机组运行状态保持良好，首次循环安全生产指标即达到中国广核集团成熟机组水平，安全及质量评估达到或超越国际标杆7级水平。在世界核电营运者协会衡量核电机组安全运行水平的12项指标（简称WANO指标）中，1号机组9项指标、2号机组7项指标达到世界前十分之一的卓越水平，总体指标67%达到世界优秀值。

2017年，防城港核电一期工程两台在运机组保持平稳运行，多项安全和业绩指标达到世界优秀水平，全年实现上网电量117.8亿千瓦时。防城港核电二期项目是我国具有自主知识产权三代百万千瓦级核电技术"华龙一号"的示范工程，同时也是英国新建核电项目布拉德维尔B的参考电站。该项目的建设将会对国内后续的"华龙一号"项目起到示范作用，同时也将对布拉德维尔B项目相关工作的推进产生积极影响。2017年，防城港核电"华龙一号"示范工程项目安全、高效推进，3号机组核岛完成第9层钢衬里筒体吊装，4号机组核岛完成第2层钢衬里筒体吊装。工程常规岛、泵房等厂房建设按照计划推进，汽轮发电机组、反应堆压力容器等核心设备制造全面启动，近九成主要设备为中国制造。2018年，防城港核电二期按里程碑计划推进项目建设各项工作，3号机组实现穹顶吊装重大里程碑节点，全面转入核岛安装阶段。

由于核能产业的产业关联度比较高，涉及上下游十几个产业，核能产业的加速发展，可以在很大程度上带动冶金、机电、制造等相关行业的发展，有利于提高国民经济生产总值，促进经济的快速增长。

第五节　新能源汽车产业链的现状

一、四川省

作为新兴产业，新能源汽车产业被国家纳入重点鼓励开发的产业，是四川省高度重视的产业之一。从战略层面上来说，发展新能源汽车可以缩小与国外的技术差距，从而实现汽车产业振兴四川大计。四川省政府提出，要努力把新能源汽车产业培育成为千亿产业集群。新能源汽车产业已被列入四川五大高端成长型产业之一。

2014年7月23日，阿里巴巴宣布与上汽联手打造"互联网汽车"，上汽表示要把新能源汽车作为未来发展的制高点。2014年10月，川汽集团的电动出租车、电动公务车有望在国家发展改革委的公告中出现。根据《国务院办公厅关于加快新能源汽车推广应用的指导意见》（国办发〔2014〕35号）的要求，成都将在建筑设计、城市规划、公共场所各方面配建、完善充电桩设施。

2017年四川省生产新能源汽车2.4万辆，产值约200亿元；已建成充电站550余座，各种充电桩约1.3万余个，初步构建了互联互通的充电服务网络。

（一）四川省新能源汽车产业市场经营情况

四川省共有新能源汽车重点企业 100 户，其中，汽车整车制造企业 18 户，动力电池等关键零部件企业 68 户，研发销售运营企业 14 户；拥有成都大运、南充吉利、四川野马、成都雅骏、成都客车、重汽王牌、中植一客、成都银隆、一汽川专、成都沃尔沃等新能源整车生产企业，产品覆盖乘用车、商用车、专用车等领域，并以整车为核心聚集零部件配套发展，初步形成了从整车、核心零部件及关键材料到充换电设施、智能服务终端等较为完整的产业链。

（二）四川省新能源项目及园区建设情况

2017 年 7 月，南充吉利新能源商用车项目建成投产，每年除了可以生产 10 万台以上的新能源商用车外，还可以生产 5 万套发动系统。截至 2017 年 10 月，成都银隆新能源产业园项目已建成集钛酸锂电池到新能源汽车以及配套的充电装备为一体的生产基地。宜宾奇瑞新能源汽车项目也已经开始建设，估计 2019 年建设完成。同期的还有成都吉利 BMA 新能源乘用车项目，目前正按照计划顺利开展。

二、广西壮族自治区

广西壮族自治区贵港市在新能源汽车产业的发展上具备地缘优势，正在打造大型的汽车生产基地。目前，已有 70 多家新能源汽车和电动汽车企业聚集贵港，其中较为突出的有华奥和久久星等，新能源汽车产业集群化趋势较为明显。2016 年 3 月，广西华奥汽车制造项目正式开工。项目总投资 80 亿元，仅历时 9 个月，第一辆新能源客车就下线了。广西的市场主要集中在东盟，这是其地理优势。在打开东盟市场的同时，也正式将华奥的新能源客车送上了国际舞台。同时，广西正在重点打造南宁和柳州等城市的新能源汽车产业，力争培育出更多的优秀企业。

目前，广西源正新能源汽车有限公司正在南宁打造国内领先的新能源汽车生产基地。上海申龙客车也将在南宁投资 30 亿元，建设年产 1 万辆新能源客车和 3 万辆新能源物流专用车的生产基地，并合作打造新能源汽车科技产业园。2016 年起，中泰（崇左）产业园投资建设的金亚智能科技新能源电动车加工项目年出口 15 万辆电动车，主要面向越南、柬埔寨、老挝等东南亚国家。

该项目作为打开东南亚市场的主要先驱战队,其重要性不言而喻。

三、陕西省

随着国家经济的发展,西部地区的综合实力也开始逐步提升,特别是近年来新能源产业得到了国家的大力支持,各省份陆续开始发展新能源产业,尤其是陕西省。陕西省政府打算设立一个宝能新能源汽车生产基地,并在西咸新区的秦汉新城举办了基地的开工暨新能源汽车创新研究院揭牌仪式。经过初步的测算,该项目的总投资额大概为 400 亿元,预计要生产出 100 万辆新能源汽车及完善相应的配套设施,而车辆与零部件制造将创造出千亿元的价值。

新能源汽车主要依靠新能源来驱动,不仅可以满足人们日常出行的需求,还可以起到保护环境的作用。但是新能源汽车的制造需要较为先进的技术予以支撑,才能有效地为新能源汽车提供动力。从总体来看,汽车产业是劳动密集型的产业,西部地区在劳动力方面具有明显的优势,还有丰富的新能源资源,可见西部地区的新能源产业具有广阔的发展前景,能够成为全国汽车产业发展基地之一。

宝能新能源汽车生产基地主要是对技术进行研发,对整车及核心零部件进行相应的改造。建设过程主要包括冲压、焊装、涂装、总装四大工艺车间,新能源三电工艺车间,核心零部件生产车间等。此外,基地将使用绿色、环保、节能材料来进行生产,等车辆报废时还可以进行循环使用,从而打造出质量高、动力足的汽车品牌。

工业基地的建成将会直接推动区域经济的发展。经过初步测算,该基地完工后,将会直接增加就业机会,解决将近 4 万人的工作问题,间接地维护了社会的稳定。在完整的产业链上,一种产业的发展将从一定程度上带动上中下游产业的发展,例如新能源汽车的出现将会带动新能源、汽车制造、汽车销售、汽车维修与保养等产业的发展,推动经济的增长。

创新是一个企业进步发展的灵魂,没有创新意识就像是企业没有了精神支柱。陕西省的高校和科研院所众多,省政府一方面可以充分利用当地的人才优势,另一方面也可以制定相应的优惠政策,从省外甚至是国外引进优秀人才,不断提高地区内的科研技术水平,提升企业的创新意识,打造国际新能源汽车创新技术研发高地。

从目前的情况来看,汽车产业是陕西省装备制造业中重大产业之一。为了推动当地经济的发展,打造区域间的新能源汽车产业集群,西安市针对新能源汽车出台了一系列的政策措施，从而不断加快产业升级进程，优化产业结构。

四、贵州省

贵州省新能源汽车产业发展有三大特色：第一，从数据出发，利用"大数据"促进包括"车、桩、网"一体的产业链体系的完善；第二，在生态环境建设的大背景下，顺应改革潮流，建立全省的绿色交通体系，大力推广清洁能源汽车；第三，形成标准化和体系化的新能源产业，由点及面地实现全省各地区的脱贫。

近年来，贵州省政府颁布了一系列政策，从补贴和优惠等方面促进新能源汽车产业发展。例如，对于电动汽车，高速公路费会低于其他汽车，可不遵循限行和限购等要求，并且在公共停车场可免费停车。同时，建设充电设施会获得相应的财政补贴，这也是贵州省推进充电设施建设的措施之一。目前，全省正在推进"六进一上"任务，力争在2020年建成集中式充电桩160座、分散式充电桩8.5万个，为"十三五"末的电动汽车需求提供相应的保障。

根据数据统计，2017年，贵州省新注册登记的新能源汽车共6387辆，累计推广新能源汽车11203辆。其中，包括插电式混合动力客车125辆、纯电动乘用车3627辆、纯电动客车1381辆、插电式混合动力乘用车649辆、纯电动专用车605辆。截至2017年底，贵州省已完成7036个公共充电桩的建设，具体分布为贵阳市2621个、黔西南州1132个、六盘水市343个、毕节市214个、黔南州884个、遵义市551个、黔东南州187个、铜仁市153个、安顺市750个、贵安新区201个。

第六节 页岩气产业链的现状

一、四川省

页岩气被视为高端成长型产业之一，受到四川省的高度重视。四川盆地页岩气蕴藏量丰富，发展页岩气产业极具潜力。根据国土资源部油气研究中心2012年发布的《全国页岩气资源潜力调查评价及有利区优选》，中国页岩气预估地质资源总量 134 万亿立方米,其中,四川省页岩气资源量和预估可采资源量分别为 27.5 万亿立方米和 4.42 万亿立方米,占全国总量的 20.46% 和 17.67%,均居全国第一。2017 年,长宁－威远区块共有投产井 163 口、生产井 158 口,日产页岩气 800 万立方米,年产气 24.73 亿立方米,占四川省页岩气总产量的 82%。此外,中石油浙江油田在四川省的页岩气产量也达到 5 亿多立方米。四川盆地面积广大,海相、陆相和过渡相页岩均有发育,具有良好的勘探开发前景。川东地区古生界由于处于盆地沉积－沉降中心,发育寒武系－二叠系暗色页岩,厚度较大,埋深较浅,页岩发育层数多、质量好,组成了四川盆地最为优质的页岩气藏勘探区。川南地区古生界筑竹寺组和龙马溪组页岩厚度大,TOC 含量高。此外,上三叠统泥岩也是页岩气藏分布的有利区域。盆地川西地区位于前陆拗陷区,古生界地层埋深较大,烃源岩厚度大,具有良好的生气能力;二叠－三叠系泥岩和砂岩频繁互层,形成大量的根缘气。四川省虽然有优良的地质基础,但与美国相比,开发时间较晚,差距还较大。四川省的页岩气开发意义重大,作为我国南部页岩气开发的重点,对中国页岩气产业的发展有举足轻重的作用。因此,四川省未来的任务还很艰巨,要加强地质认识,研发相关技术,提高勘探开发水平。

不过,要发展页岩气产业,仅仅靠四川省自己"闭门造车"是远远不够的,要充分借鉴国际经验,学习其管理理念,引进其先进技术并充分消化吸收,将其用到四川省自己的勘探中去,助推页岩气发展。同时,要与国际页岩气开采公司进行合作,吸引国际资本投入,并进行勘探开采经验的交流,使得产业发展更加迅速。

四川页岩气勘探开发的关键核心技术水平、装备制造、油田服务能力、体制机制创新程度、产量等均位居全国前列。2015 年,四川盆地天然气产量 267.2 亿立方米。"十三五"期间,四川省将加快推动川中、川西和川东北常规天然气和川南页岩气的勘探开发。按照规划,到 2020 年,新增常规天然气探明储量 6500 亿立方米,天然气产量达到 450 亿立方米(其中页岩气 100 亿立方米),比 2015 年增加一倍,省内天然气消费将达到 280 亿立方,天然气消费占能源消费比重提高到 16.2%,在 2015 年的基础上增加 5%。同时,根据地区的特点发展分布式能源,重点在工业园区推广;在交通领域加大 CNG 和 LNG 的利用,大力推广清洁能源汽车,尤其是在公交环卫等领域。通过各种方法,扩宽对天然气的使用领域,拉动产业的发展。

四川省的页岩气开发主要由中石油在西南地区设立的分公司——西南油气田负责,目前主力产区是长宁－威远区块,并主要分布在川南地区。在多次进行资源勘测和相关资料分析后,五峰组－龙马溪组地区的资源量高达9万亿立方米,并且海相页岩的潜力巨大的情况下,比较适合进行规模生产。目前该地区已经开始了工业化的开采,但仍受到成本较高和环境保护的压力,加上相关技术还有待突破,无法勘探出有效的区块,这些都对四川页岩气的开发增加了不确定性和挑战性。

二、重庆市

2012年3月发布的《全国页岩气资源潜力调查评价及有利区优选》研究显示,重庆市的页岩气资源十分丰富,主要分布在下侏罗统自流井组、上三叠统须家河组、上二叠统龙潭组(吴家坪细、下志留统龙马溪组和上奥陶统五峰组、下寒武统牛蹄塘组(鲁家坪组、水井沱组)、下震旦统陡山沱组等6套页岩层系,有利页岩分布面积为7.6万平方公里,占全市总面积的92.23%,埋深500~4500米的页岩气地质资源潜力为 12.75×10^{12} 立方米,可采资源潜力为 2.05×10^{12} 立方米,在全国排列第三名,是我国页岩气的主要开发市场。

(一)重庆市页岩气发展规划

从当前情况来看,重庆市政府十分重视对页岩气的开发,不仅提供资金对页岩气的专项地质进行评价,而且积极为页岩气开发提供帮助,成立相应的页岩气勘探开发公司,为页岩气公司提供技术与服务。重庆市政府于2015年3月发布了《重庆市页岩气产业发展规划(2015—2020年)》,规划中明确指出:到2020年,政府对页岩气核心装备研发制造的累计投资额预计达到118亿元。

重庆市政府积极准备重庆地区页岩气的勘探开发配套设施,培养专业的技术人才,从而充分发挥社会资源优化配置的作用,推动页岩气产业的发展。2010年10月,重庆市国土资源、房屋管理局与中国石油大学(北京)合作成立了油气资源与探测国家重点实验室重庆页岩气研究中心;2011年10月,重庆市科委批准重庆地质矿产研究院建立重庆市页岩气资源与勘查工程技术研究中心;2012年5月,国土资源部页岩气资源勘查重点实验室获批在重庆地质矿产研究院成立;2014年12月,重庆市政府与中石油、国投、中化集团合作成立重庆页岩气勘探开发有限责任公司;2015年3月,重庆市政府发布的《重庆市页岩气产业发展规划(2015—2020年)》从勘探开发、综合利用、装备制造、生态环境保护、财税政策等方面对重庆地区页岩气产业发展构想进行全面阐述,并提出了实施细则,使得该规划具有可操作性。

(二）重庆涪陵页岩气田发展现状分析

中石化重庆涪陵页岩气田是由国家发展和改革委、国家能源局批准设立的四个国家级页岩气示范区之一。近年来，重庆涪陵页岩气田的发展十分快速，成为世界上排名第二的页岩气田。重庆涪陵页岩气田主要分布在重庆市涪陵、南川、武隆等区县境内，西、北临长江，南跨乌江，地质条件属山地-丘陵地貌，地面海拔为300～1000米，区块矿权面积达7307.77平方公里。该气田具有储层厚度大、丰度高、分布稳定、埋深适中的特点，并且中间无夹层，是典型的优质海相页岩气田。

截至2018年底，涪陵页岩气田生产的页岩气年产量为60.2亿立方米，销售57.8亿立方米，全面完成了全年的产销任务，年度产销量仍然位居全国第一，有利于加快我国能源结构调整的进程，缓解目前用气紧张的局面，推动建设生态文明的社会。在2018年，江汉油田涪陵页岩气公司针对老区气井产能递减、新区地层更加复杂、产建接替难度大、稳产保供压力大等问题，深入开展老井挖潜，实行"一井一策"管理，科学实施了增压开采、放喷排液、泡沫排水、邻井气举、柱塞气举等多项增产措施，不断提高气田的采收率，延长气井稳产期，累计增产近2亿立方米。其中，焦页1HF井、焦页6-2HF井不断刷新国内页岩气井生产时间最长、累计产量最多等纪录。同时，开发建设单位安全高效完成集气干线5次清管作业、2号脱水站首次检修工作，最大限度地保障了页岩气输送和处理能力；针对采出水量大的问题，积极开展采出水运输管网建设、加快采出水拉运速度，确保采气生产平稳运行和安全环保。2018年以来，涪陵页岩气公司整合院士工作站、页岩气产业技术研究院等各方资源，联合开展攻关，推动3000米长水平段水平井钻完井及配套技术再上新台阶。该公司还加快智能气田建设，全力控投资、降成本，效益创造历史最好水平。

一个产业的发展可以带动上游、下游以及关联企业的发展，为国民经济的增长做出一定的贡献，例如，对于页岩气而言，该产业的发展可以推动制造业、服务业等关联产业的发展，进而增加就业人数，增加居民的收入，使更多的人获得幸福感，为社会的进步贡献力量。具体来说，页岩气的勘探开发和管道建设不仅可以带动水泥、化工、钢铁等行业的发展，还可以为工人提供大量的就业机会，对当地的经济来说是一次良好的发展机会，对商品的流通、住宿业、餐饮业等都会起到带动作用。如涪陵页岩气田每年向涪陵区供应民用气1.5亿立方米，向本土企业优惠供气。当前，涪陵区页岩气工业用气价格为

1.52元/立方米，是重庆市最低价，比全市工业用气平均价格低26%，给涪陵区相关企业带来了较强的市场竞争力。此外，涪陵页岩气田的开发优先引进当地供应商参与建设，优先采购当地产品，带动当地用工5000余人。

第七节 新能源产业发展存在的问题及原因分析

目前西部地区已经初步形成了以太阳能、核能、风能、动力与储能电池四大新能源产业集群为主体的新能源产业发展基地，并提高了新能源产业发展在全国的竞争力，但我们仍需关注其在发展中存在的问题，并进行必要的原因分析。

一、产业链发展中的主要问题

（一）产业链不完善，未形成集群竞争优势

新能源产业链是通过汇集产业链上的各企业，并进行分工协作、彼此之间相互依存的一种商业生态系统。西部地区新能源产业链的发展还处于起步阶段，产业链中的上下游企业在地理位置上还相对比较分散，并且这些企业大多数都规模较小，缺乏实力。同时由于这些企业在技术上还不够成熟，管理方式较为落后，阻碍了产业集群的形成。另外，由于上下游企业存在生产水平和研发能力上的差异，上游企业与下游企业不能实现完美的协调统一，难以很好地衔接起来，没有形成良好的上下游分工协作体系。比如，风电等新能源装备及配套设备生产规模较小，配套能力较弱，产业链不够完善；光伏产业链的上游生产力较足，出现了产能过剩现象，而在它的下游电站建设较少，无法满足上游需求。就目前而言，西部地区还未形成完善、合理的集群网络，集群竞争优势不明显。

（二）产业集群内创新力不足

由于新能源产业先进技术主要由发达国家掌握，西部地区在技术方面的开发还有待提高。具体来说，技术掌握程度不够导致新能源企业的生产成本增加，市场竞争力降低，无法扩展企业规模，进而抑制技术的投入，形成恶性循

环,阻碍新能源产业集群的发展。导致这一现象的原因主要有以下几点:第一,因为市场上缺乏激励和引导机制,使得新能源各企业间缺乏合作交流,导致整个新能源产业缺少创新氛围,最终导致企业创新能力不足;第二,由于新能源产业的不成熟,拥有丰富经验和技术知识的企业分享知识的意愿很低,形成了重产权、轻合作的局面,制约了新能源产业的技术创新;第三,西部地区新能源产业集群刚起步,创新竞争的环境尚未形成,创新能力得不到提高。这就需要西部地区提高自主创新能力,引导企业间加强合作交流,进而推动技术的进步和新能源产业集群的发展。

(三)产学研合作机制开发不足

西部高校和科研处的相关研究在一定程度上过于理论化,缺乏与西部新能源产业现状的联系,科技与经济脱节的问题时有出现。虽然关于新能源产业发展的科研成果接连不断,但是企业却并未获得技术上的提高,导致国家投入了大量的研发资金,却没有发挥出应有的效果,极大地阻碍了新能源产业集群的发展。但是"产学研"模式仍然是未来新能源产业集群发展的重要模式之一,为了提高这种模式的产出效益,需要政府协调好二者之间的利益。目前亟待解决的问题有以下两点:第一,企业和科研机构之间的利益相冲突,目前大多数科研人员都忽视了科研成果的应用,而企业更注重科研能为企业创造的效益,这就导致了两者之间的利益冲突,进而出现了高投入、低产出的现象。第二,市场机制失效。由于缺乏相应的风险共担机制,企业和科研机构利益失衡,难以再建立长期有效的合作,因此政府需要在产学研合作机制中发挥积极作用,对相应的政策配套进行扶持和帮助。

(四)研发投入力度不足

新能源产业属于高新技术产业,该产业投资回收期长,并且在前期需要大量的资金投入进行技术研发,由于新能源产业中的大多数企业缺乏科学的融资管理规划,无法获得足够的融资,进而无法对产业技术进行投入,导致西部地区的一些新能源产业企业难以健康发展。在西部地区"十三五"能源规划中,政府大量投资了石油、天然气和煤炭行业,但是在新能源产业方面的投资比重却较低。如果新能源产业无法得到政府大力支持,缺乏创新的资金,就会抑制新能源产业集群的发展。

（五）技术研发人才与培育机构供给不足

新能源产业作为高新技术产业自然需要高端技术和先进知识的支持，而这些都离不开对企业人才的培养和引进。目前，西部地区已有各大高校为新能源产业输送高精尖的人才，但是相对沿海城市而言，西部地区在科技人才培养方面还存在较大差距。同时理论和实际还是存在一定的差异，许多在高校中学习的知识无法应用到企业中去。并且由于西部省份大多地处内陆，经济实力与沿海城市无法匹敌，导致西部省份吸收优秀人才较为困难。所以政府可以在经济可承受范围内出台相关优惠政策，吸引一批优秀人才来西部省份，为西部地区新能源产业的发展助力。

（六）核心技术缺失，对外依存度高

目前，我国可再生资源的再生利用率较低，而发达国家对可再生资源的利用已经相当成熟。要提高该利用率，新能源技术的创新和升级是不可忽略的重要因素。然而，我国对新能源产业核心技术的掌握还不够，在技术上很多企业都靠引进国外经验，而很少进行创新，因此我国新能源产业发展受到了极大的阻碍。例如，由于国外掌握了光伏产业装备制造的关键技术，我国的原材料和高端设备都依赖于进口；薄膜电池光伏产业所涉及的 TCO 镀膜设备等原辅材料的关键和高附加值环节生产仍被国外厂商控制。我国目前在专业技术人才上还相对缺乏，美国、德国等发达国家封锁了新能源产业的核心技术，我国新能源产业发展受到各方限制，在国际市场上的地位不容乐观。

二、存在问题的原因分析

（一）政策与管理不协调

1. 政策扶持力度不够

调查显示，西方新能源产业之所以发展如此迅速和良好，很大程度上要归功于政府的大力支持。相对于西方国家的政策扶持力度，我国在新能源产业的政策支持上还有待提高。尽管西部地区各省份在"十三五"规划中明确指出要建设新能源产业基地，也出台了促进新能源产业发展的相关政策，但是政策力度仍然不足，且缺乏相关配套政策。例如政府缺乏对新能源技术研发的专项资

金,而新能源的发展需要在技术研发上高额投入资金,单靠企业的力量无法实现。此外,在获取政策的过程中,新能源企业面临着审批程序复杂、资格认定条件苛刻等相关问题。

2. 缺乏统一的协调管理机制

目前西部地区在新能源产业发展的政策体系上还有待完善,尚缺乏相关的协调和管理机制。由于能源主管部门较多,使得新能源产业发展缺乏统一的部门管理,降低了管理效率,导致决策缺乏一致性和协调性,从而阻碍了新能源产业的发展。

(二)运行机制不合理

1. 财政投入机制不合理

这一点主要表现为:西部地区在新能源产业的发展上投入了大量资金,也制定了相关扶持政策,但是新能源企业的发展现状却没有太大起色。其主要原因是缺乏具有统一性、系统性的财政运行机制,政府不断进行资金投入,但企业仍然缺乏资金,发展缓慢。因此,结合现状,政府需要对现行的财政投入机制进行调整,促进新能源企业的发展。

2. 技术创新激励机制不合理

新能源产业要得到发展,技术创新是重中之重。只有企业掌握了产业发展的核心技术,才能摆脱对国外过度依赖的现状,新能源产业才能够得到真正的发展,从而在世界的新能源发展中脱颖而出。目前,西部地区在对新能源产业的支持中,只是加大了对其的投资,但是没有对投资中用于技术创新的资金额做出明确的规定;同时政府也缺乏对技术创新的鼓励政策,使得西部地区的新能源企业缺乏技术创新的动力。因此,为了真实地提高企业的创新能力,创造良好的创新氛围,政府需要加大技术创新政策支持力度,明确政策支持方向。

(三)产品市场占有率低

西部新能源产业刚进入发展初期,发展较好的是太阳能光伏产业与风能产业,除此而外的核能、生物质能等产业发展尚不成熟,如四川乐山晶硅光伏产业基地、甘眉工业园区和双流区的"核能城"都处于建设阶段,并且西部地区核能技术的研发尚处于起步阶段,还不能马上投放市场进行应用。此外,西部新能源产业目前在全国的占比还比较低,相较于河北和浙江这些新能源发展较早的企业,西部地区还需要加快追赶力度。

(四) 环境污染问题严重

国家大力推进新能源产业发展的主要原因是新能源相比常规能源更清洁高效,符合绿色可持续发展的战略,但是由于新能源产业发展的核心技术由国外掌握,引入国外技术的成本高昂,导致很大一部分企业因为无法承受巨大的资金压力只能沿用以前的技术,从而再次对环境造成了污染。因此,只有降低发展新能源产业的环境成本,才能推进新能源产业集群的可持续发展,实现绿色发展。

(五) 缺乏高素质专业人才

新能源产业技术创新离不开人才的培养,但是目前还缺乏系统性的新能源产业人才培养机制。目前,产业集群的发展急需一批科技创新引领人、科技型企业家、职业经理人等重要人才。另外,虽然西部地区有各大高校输送人才,但企业仍然缺乏高素质的创新型人才。

第三章 开拓与布局：西部地区新能源产业集群发展模式与路径研究

我国西部地区新能源产业的发展面临着重大机遇和诸多挑战，为此，推进新能源产业的健康快速发展，必须明确发展思路，选择适合的发展模式。新能源产业不仅具有资本与技术密集型特征，还具有部分劳动密集型的特征。因此，建立新能源产业集群可以将新能源开发与利用的相关企业和机构在特定地理位置进行集中、联系与合作，通过技术创新与制度创新，实现能源安全、能源高效利用，助推经济转型升级。

第一节 西部地区新能源产业顶层设计

我国经济已经处于高速发展向高质量发展转型的攻坚期，能源行业进入深化改革的关键时期。新能源产业作为战略性新兴产业的重要组成部分，正在成为引导未来经济社会发展的重要力量。西部地区正处于能源结构调整和清洁能源发展重要阶段，新能源成为各省区能源结构调整的抓手。

一、基本思路

从能源安全性、清洁性和可持续发展的视角出发，将新能源产业作为支撑和拉动西部地区经济发展的重要产业，按照供给侧改革和能源高质量发展的要求，以科技进步与创新作为驱动力，着力推进新能源的开发利用，加快推动能源发展质量改革、效率改革和动力改革，全面推进能源生产和消费改革，进一步优化能源结构，加快培育新的能源产业。加快发展技术成熟、市场竞争力强的核电、风电、太阳能光伏和氢能、生物质发电、沼气等新能源；积极推进技术基本成熟、开发潜力大的新型太阳能和生物质能气化、生物燃料等新能源技术的产业化，实施新能源集成利用示范重大工程；逐步建立以储能为核心的多能互补体系；稳步形成大规模集中利用与分布式生产、就地消纳有机结合的智能化分布式发展格局；增强能源战略竞争能力，把握未来能源发展的先机，保障西部地区能源产业的可持续绿色发展。

二、基本原则

西部地区新能源资源充沛，种类繁多，可采取不同的技术方式和利用途径提供多样化的能源产品。由于不同技术水平、不同政策支持力度导致各类新能源在产业化程度和商业化水平中存在不同程度的差异，在新能源产业的发展过程中，应根据西部地区各省资源禀赋和各个新能源产业发展的阶段，确定不同阶段应发展的重点领域、优先领域、大力发展领域。为此，应遵循如下的发展原则：

一是发展技术成熟度较高，具备大规模开发条件新能源项目。在我国西部地区城市化、现代化、工业化发展的进程中，经济快速增长，能源需求比例节节攀升，而化石能源的开采成本不断上升，能源结构性改革迫在眉睫。西部大部分地区对石油等化石能源的对外依存度高达 50% 以上。满足能源增量需求，逐步替代化石能源，是新能源发展的重要目标。西部地区各新能源产业发展的情况不同，技术成熟度有较大差异，有些新能源已经进入产业化大规模发展阶段（比如水能、风能），有些能源进入开发与研制阶段（比如储能技术），有些新能源还处于小试和概念性阶段（比如氢能、地热能）。在新能源产业发展初期，会受到技术缺乏、开发程度高、推广难度大等多种影响，竞争压力较大。为此，应选择技术成熟度较高、规模开发利用可能性大的新能源，从而有效地规避风险、降低成本。

二是资源保障性强，可持续开发利用的新能源项目。新能源资源的丰裕程度对于其开发利用前景状况有重要影响。在开发利用规模不断扩大的过程中，规模经济效应和技术创新效应将发挥作用，开发利用成本逐步降低。资源越丰富的新兴能源，成本竞争优势越强，可开发利用的价值越高。就西部地区而言，风能、太阳能、页岩气等，具有较强的资源保障性，通过技术不断创新，将可持续开发利用。

三是利用效率高，配套条件比较齐备的新能源项目。新能源的发展，可以有效地优化能源结构，但同时也需要一系列的配套条件。例如，风电、太阳能由于具有不连续性，需要发展储能技术和智能电网；电动汽车需要发展充电基础设施；等等。为此，需要根据发展新能源的需要，加快新能源基础设施建设,完善法律法规,改革能源体制机制,调整能源价格,为新能源发展创造有利条件。

四是产业链长且国产化率高,有利于加快转变经济发展方式的新能源项目。产业链是各个产业部门之间基于一定的技术经济关联,依据时空布局关系,客观形成的链条式关联关系形态。产业链向上延伸一般使得产业链进入基础产业环节和技术研发环节,向下游拓展则可以进入市场拓展环节。一般而言,产业链越长,对国民经济的综合带动能力也就越强。在新能源领域,风电、太阳能光伏发电产业链比较长,而生物质能、地热能和海洋能利用的产业链相对较短。

五是全生命周期能耗水平低。随着工业化和城市化进程的不断推进,在温室气体排放方面,我国面临越来越大的压力。在替代传统化石能源的同时,减少温室气体排放,是我国利用新兴能源的重要目的。但在开发利用新能源的过程中也会消耗能源,从而产生温室气体。就此而言,新能源的全生命周期能耗水平越低,其能量回收周期就越短,温室气体排放量也就越少。就新能源发电的碳排放系数而言,光伏地面电站最高,光伏建筑体化发电次之,风力发电居后,地热发电最低。

第二节 西部地区新能源产业集群发展具体模式与路径

一、西部地区新能源产业集群发展具体模式

作为战略性新兴产业,新能源产业具有高技术性和创新性。依据上述发展思路与原则,新能源产业的发展需要在贯彻落实科学发展观基础上,将科技创新要素作为核心竞争力,将资金和人才要素作为动力源泉,将制度环境和规模壮大作为产业升级的可靠保障,最后通过产业的品牌效应影响和促进本行业及相关联企业的联动式发展。为此,产业集群化发展模式具有规模化效应、溢出效应以及降低交易费用等功能,成为新能源产业走向规模化发展可供借鉴的模式。其不仅重视产业地理集中,还强调产业间功能联系;不仅重视经济网络,更强调社会网络的构建;不仅重视产学研合作,更强调企业互动和知识溢出,特别是隐性知识的溢出。为此,建立新能源产业集群,不仅有利于外部规模经

济和范围经济的发展,还有利于促进西部地区学习型经济社会的形成。

依据新能源产业发展过程中资源禀赋、技术人才、制度环境、经济成本、市场发展五大影响要素,以中介机构为服务载体,新能源企业为生产主体,政府、大学和科研院所为依托,上中下游螺旋互动,并基于产业生命周期理论,建立"供应链"整合模式、"技术创新"推动模式、"产学研"协同模式、"制度创新"保障模式相融合的"四式一体"发展模式,最终实现新能源产业政产学研并进全社会广泛参与的产业创新集群发展格局,如图3-1所示。

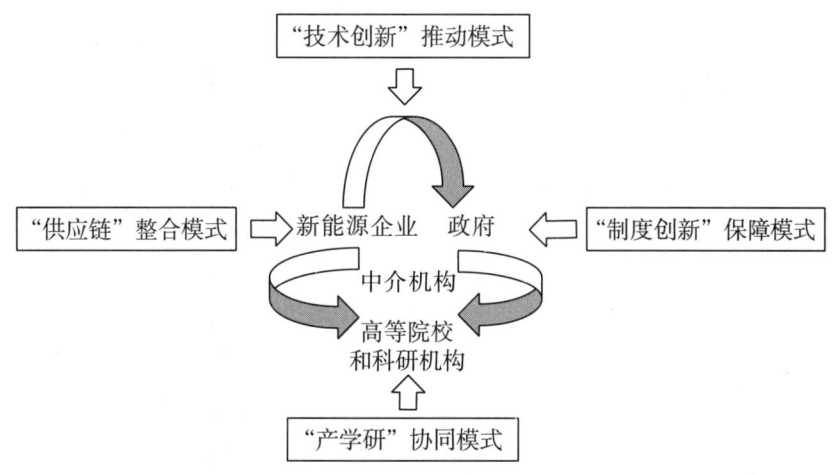

图3-1 "三主螺旋,四式一体"发展模式

(一)"供应链"整合模式

"供应链"整合模式是集中产业链的上中下游企业,在同一地理位置形成一条完整的价值链,利用地理邻近的优势获得核心技术和高附加值。该模式能够有效地提高新能源产业在市场中的竞争优势。该模式主要以行业中的龙头企业为重心,吸引供应链中相关的中小型企业,例如原材料供应商,零部件生产企业,系统集成商、销售商、安装维护商及中介服务机构,在逐步实现供应链完整性的基础上达到人力、资金、技术、信息、物流的共享。

这种模式的特点是:第一,通过一个或几个大型的新能源企业带动周围与之关联的上下游中小型企业共同发展,持续推进新能源的开发。第二,一般是由技术研发型生产企业作为集群供应链中的核心企业。技术驱动是新能源产业的主要推动力,通过技术升级再次推动其在市场的发展。这与传统产业集群存在一定的差异,传统产业集群是按照市场需求量身定做的,产业推动力更多来源于市场需求。第三,供应链中的核心企业具有雄厚的研发投入和较强的整体实力,能够掌握整个集群网络的运转,并给周边与之关联的上下游中小型企业以知识溢出和技术溢出。第四,整个供应链的运作以核心企业的生产流程为主线,周边其他相关企业为其提供原材料、中间产品、产品的销售网络、系统安装服务等处于产业链上下游的生产和配套服务。第五,同一地区的完整价值链、配套的供应链和全方位服务链,共同保障集群中新能源生产企业物流链的高效运作,从而降低了物流成本,缩短了生产交货期。综上,"供应链"整合模式可以降低整个集群的总成本,提升产业整体竞争优势。

例如光伏产业集群,当该集群的产业链比较成熟的时候,就可以在其供应链中核心企业的带领下,以晶体硅太阳能电池为核心产品,进行多晶硅提纯、单晶提拉、多晶铸锭、切片抛光、太阳能电池与组件生产、太阳能应用系统及太阳能电池部分装备制造,完成整个供应链产品的研发与生产。

(二)"技术创新"推动模式

技术的研发、知识的创新是新能源产业集群可持续发展的重要因素,在产业集群形成中区域的研发水平尤为受关注。"技术创新"推动模式的核心是将知识进行技术转化,最终推动产业集群的发展。基于技术创新推动型的新能源产业集群主要是将技术上比较类似的企业进行集中。企业建立完备的研发体系,包括新技术的前期研究开发、中期的试验及后期的技术推广。然后,产业集群的地理邻近优势将在此发挥重要作用,在产业龙头企业的带领下,加大技术研发力度,通过企业之间的信息交流进行技术扩散,扩散过程中吸纳其他相关企业参与技术的改进,通过集群内"溢出效应"帮助企业提高研发点,降低集群整体的技术投资成本。

这种模式具体特点是:第一,集群内企业通过协作与竞争,不断进行技术创新。通过技术扩散,企业间进行模仿创新,以期实现技术进步与超越,推动整个集群的技术发展水平再上新的台阶。第二,通过集群中技术的不断创新发展,可以大大缩短群内企业的创新周期。通过知识的交流、传播和共享,技术的溢出效应使先进的新能源技术得到快速广泛的应用,从而缩短了群内企业的创新周期。第三,促进产业集群创新网络的形成。创新网络是创新集群各行为主体(企业、大学和科研院所、政府、中介服务机构等)在交互作用与协同创新过程中,彼此建立相对稳定、能够促进创新的正式与非正式的关系总和,包括基于市场交易或知识在技术创造过程中结成的正式关系与基于共同的社会文化背景与信任基础上结成的非正式关系。随着新能源产业集群各行为主体间交流合作的程度不断加深,知识共享度与新技术的扩散力度不断增强,合作关系将更为紧密。知识、技术可以与市场进行更有效的对接,形成强大的创新网络,提高集群整体的技术创新能力。

(三)"产学研"协同模式

"产学研"协同模式是企业、高等院校和科研机构共同开展的技术创新活动,以实现资源共享、优势互补、成果共享、风险共担。"产学研"协同创新的理论基础是自组织理论、开放式创新理论、组织学习理论以及创新问题解决理论。加强新能源集群产学研协同创新可以提高科技成果转化和产业核心技术创新能力,提高我国新能源产业优化升级,使技术创新系统不断完善。

这种模式具体特点是:第一,产业链、知识链和价值链是新能源产业集群协同创新网络中的核心纽带。各行为主体间产生的信息、知识、物质、资金等通过价值进行链接。第二,新能源企业、高等院校和科研机构在政府、信息咨询机构、金融机构、职业教育培训机构等相关支撑机构的支持下,通过产业链、价值链、信息链、资金链、知识链等形成长期稳定的协同创新网络。第三,产学研协同创新各方主体优势互补,三者联合攻关、利益共享、风险共担,最终形成一条完整的协同创新链条。

(四)"制度创新"保障模式

制度创新和技术创新在产业集群的发展过程中发挥着同样重要的作用。制度创新的作用主要体现在成功创新制度能够降低企业在交易过程中的成本,并且优化企业的生产结构,从而达到为企业节约资金的效果。基于制度创新保障型的新能源产业集群主要是围绕当前产业集群的发展环境和创新环境,在政策制度、企业制度、法律制度等方面进行创新,适应环境变化,促进产业集群长期稳定的发展。制度创新的最终结果是要加强产业集群内的企业交流,增加知识、技术、企业优秀文化在产业集群内的传播。

这种模式的特点是:第一,政府在新能源产业发展中将发挥重要的主导作用,并利用制度分割促进产业集群的发展。政府可以根据新公布的能源产业政策建立新能源产业园区或划定固定的生产空间,并确定只有在园区或者划定的空间范围中从事新能源产业活动才可以享受税收减免、财政补贴、创新项目申报扶持等制度分割收益。通过这些方式,诱导或吸引新能源企业在该区域范围内进行集聚,以此集中进行新能源产业的开发。第二,可以加大企业内部的制度创新,增强内生动力。政府是制度创新的主体,企业是技术创新的主体,要与政府制度的法律法规、相关政策规章制度进行有效对接，企业就需要从产权制度、生产方式、组织结构等方面进行企业内部制度创新，遵照国家法律规范，按照经济规则，建立现代企业制度，创新合作模式，明细产权关系。第三，通过这种模式可以更加依赖所在地的人流、知识流、信息流等社会网络关系，依托所在地地方政府公共管理服务水平和管理效率。

"供应链"整合模式、"技术创新"推动模式、"产学研"协同模式、"制度创新"保障模式"四式一体"融合发展，以此，倾力打造新能源产业发展集群快速发展的新引擎。四种模式在新能源产业集群的不同生命周期都发挥着重要作用。按照产业生命周期理论，可以将新能源产业集群的发展周期划分为萌芽期、成长期、成熟期和衰退期四个时期。下面根据不同生命周期产业集群发展的主体作用及特征，提出不同阶段对应的主要模式。

萌芽时期，新能源企业刚刚建立，并在同一地区实现地理位置邻近的优势。除了产业链上的物流关系外，新能源企业之间缺乏技术交流和经验交流。由于中介机构等相关企业尚未参与到集群中，产业链尚不完善。因此，政府引导作用对新能源产业集群的初期建设至关重要。在产业集群的基础设施建设和技术研究平台搭建中，政府应给予大力支持。"供应链"整合模式在这个时期成为主要的发展模式。

成长时期，随着产业集群发展，产业链中企业数量不断增加，企业间交往逐渐密切，已不仅是地理邻近的物理关系。同时，随着高校、科研组织、中介服务机构的逐步加入，产业集群的产业链逐步完整，各主体间在有关产业技术发展和创新方面的交流越来越密切，产学研体系也初步建成。但是由于新能源技术的资金比例要求较高，往往一些中小企业不愿意投资，而是尽量模仿大企业，而造成"搭便车"的现象。这种现象严重影响企业技术创新的积极性，因此需要政府制定相关法规与制度，加强对知识产权的保护，为企业营造一个规范、安全、和谐的创新氛围。因此，除了"供应链"整合模式，"技术创新"推动模式和"制度创新"保障模式将成为主要发展模式，并逐步进入"产学研"协同模式。

成熟时期，产业集群中企业数量达到饱和状态，产业集群的社会关系网络已经发展成熟，企业间的技术交流与创新合作日趋频繁，各企业创新积极性越来越强，创新网络日渐成熟，此时的产业集群创新能力大幅度增强。虽然产业集群发展已相对稳定，但是为延缓衰退，企业应该在政府的宏观调控下利用完整的产学研协同体系，加强产业创新，促进产业升级。因此，"产学研"协同的发展模式成为主要模式。

衰退时期，由于产业集群饱和，生产要素价格急剧上升，新能源产业集群在重重困境下逐步进入衰退期，各新能源企业会纷纷退出集群，集群网络开始消解，已经建立的社会关系网络也会因此受到冲击，产学研体系也可能面临解散。此时，政府应该继续发挥其主导作用，带领产业再次创新，从政策上给予大力支持，让新能源企业重拾信心渡过这段艰难的时期。此时，四种模式应继续发挥协同作用。

根据前文对新能源产业集群不同生命周期特征的分析，西部地区新能源产业在不同生命周期的主要发展模式如图3-2所示。

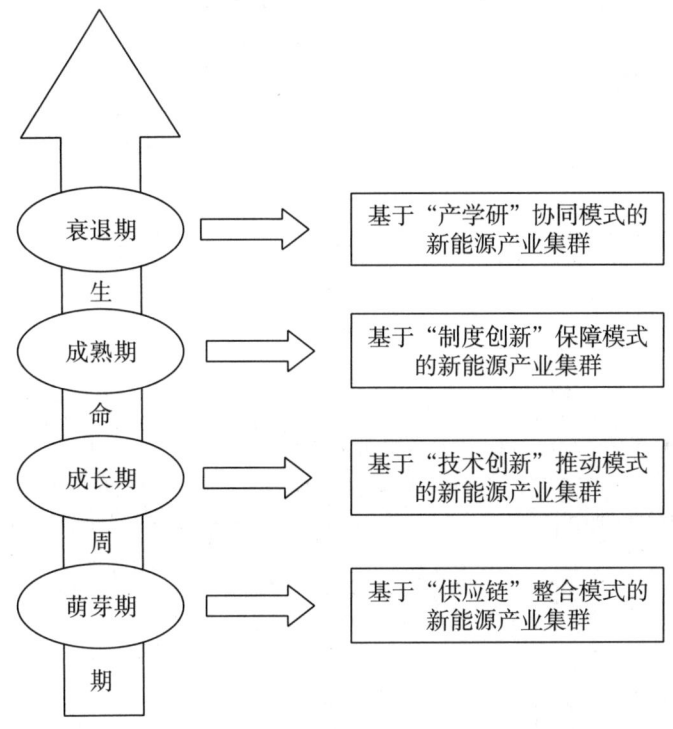

图3-2　基于生命周期的新能源产业集群主要发展模式

二、西部地区新能源产业集群发展实施路径

根据前文对新能源产业集群不同生命周期模式的分析，并基于价值链和集群网络等理论，可以绘制出如图3-3所示的新能源产业集群发展路径。新能源产业集群的形成和发展实质上是集群各创新主体通过地理邻近、行业邻近、

社会邻近互动形成分工合作生产网络、社会关系网络,最终形成成熟的集群创新网络,并沿着价值链从低附加值到高附加值不断发展。

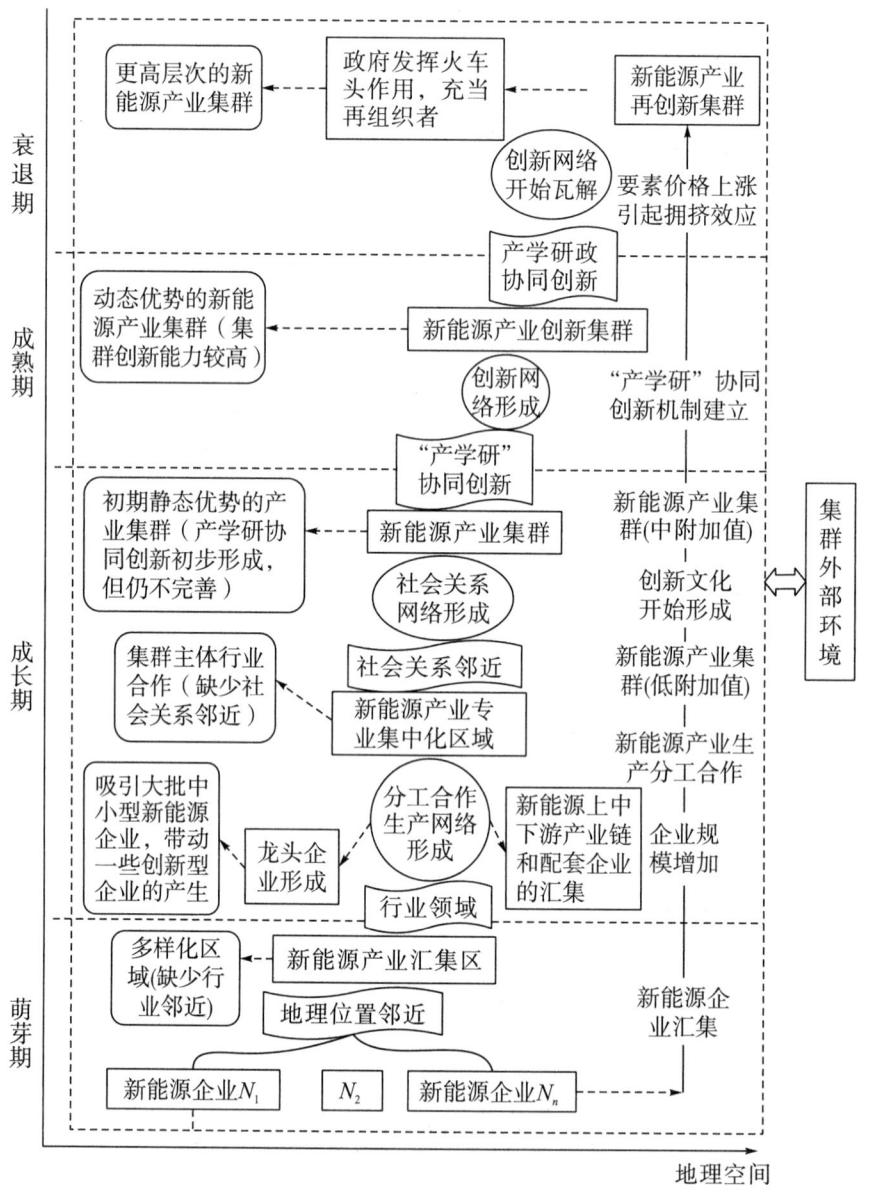

图 3—3　新能源产业集群的发展路径

根据新能源产业集群的发展路径图,结合目前西部地区新能源产业集群发展的现状,在新能源产业发展的萌芽期,西部地区应该结合各省份新能源产业发展情况，将各地方的新能源企业集合在一起形成新能源产业汇集区。

新能源产业汇集发展一段时间后，产业集群进入成长期，此时同行业的企业规模增大，逐步建立以龙头企业为主导的分工合作网络，开始形成产业专业集中化发展区域，随着技术发展成熟，创新文化逐步在集群中形成。同时随着合作网络的建立，产业间的合作交流增加，社会关系网络也逐步发展壮大。此时初期的产学研合作体系已初步建立。

随着产学研创新机制的建立，新能源产业集群过渡到了成熟期，此时的新能源产业集群经过成长期的技术经验积累、资金储备、人才培养，为创新网络的建立打下了坚实的基础，新能源产业集群发展进入鼎盛时期。

新能源产业发展后期，也就是新能源产业集群进入了生命周期中的衰退期，此时集群中对企业的容纳量已经达到了饱和，要素价格也急剧上升，已经建立的创新网络出现了瓦解的趋势，此时政府应该在产业集群中充分发挥引导者作用，推出鼓励创新的政策，引领产业集群向更高层次创新模式迈进。

三、西部地区新能源产业集群发展运行模式

西部地区新能源产业集群发展可采用"双源联动，四驱平台"的运行模式（图3-4）。通过内、外源"双源联动"，激发内生动力和外部活动。通过要素整合平台、政策平台、资本平台和服务创新平台四个驱动平台，进行资源整合、政策激励、资金融通和资本化运作，推动西部地区新能源产业发展的运行模式：

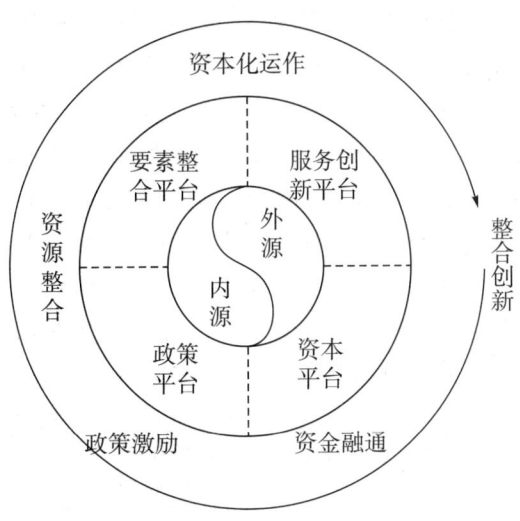

图3-4 "双源联动，四驱平台"运作模式图

"双源联动"是通过"内源"增强内生动力，通过"外源"实现内外联动。"内源"方面，结合西部地区新能源产业发展的优势，着力打造一批精品工程和引领性项目。结合产业发展趋势，引导企业优化模式，促进产业链形成，实现高端化、绿色化、集群化发展。"外源"方面，引进国外优质项目资源，引入一流发展理念，将产业技术和高端人才同园区产业高位嫁接。根据新能源产业发展布局，瞄准成长性强、市场前景好、生命周期长的优质企业，成立合资企业，促进产业聚集发展，并逐步贯穿整个产业链，形成产业集群。

激发内生动力，依托基于西部高校形成产业联盟，整合国内外企业、科研机构和高校这些不同创新主体的创新能力、创新实践、创新流程并形成协同效应，从而打造具备国际竞争力的新能源产业集群发展生态圈。政府、企业和学术部门之间以合资、技术联盟、研发联合体等创新的组织形式主导产业技术的进步，通过技术联盟实现产学研间的联合创新，有效整合资源，加快促进生物质能企业技术进步和创新能力的提高。

激发外部活力，西部地区通过多渠道、全方位内引外联，在全球范围内引进优质项目资源。结合新能源发展需要及产业定位，围绕西部地区主导发展的水能、太阳能、生物质能、核能等新能源产业，加强与国内卓越的新能源企业合作，同时在技术上，加强与国际新能源企业的合作和交流。

西部地区新能源产业集群的发展离不开国家政策的支持，同时需要引进融资促进技术发展，整合西部地区目前现有的人才、资本、技术、思路等资源要素，改造传统交易平台，促成供需双方直接见面的市场，降低交易及发现成本，提高交易效率，最终建立"政策平台、资本平台、要素整合、服务创新平台"四个平台，全面保障产业集群的持续发展，如图3-5所示。

政策平台上，建立1（普惠政策）+N（专惠政策）政策优化组合，从激励、监管、行业发展和市场服务等维度着手构建西部地区新能源产业政策体系。建立"融、投、贷、保、服"一体化金融产业链支持体系，构建新能源金融生态系统。政策平台在整个"四驱平台"中处于主导位置，是"四驱平台"模型的核心与关键。政策平台作为"四驱平台"的重要元素，对资本平台、服务创新平台、要素整合平台的完善起着引导、监督、激励作用。政策平台作为一个中心的枢纽，伴随着信息流、资金流、技术流的不断流动，联系着这三个平台，而这三个平台又在政策平台的大环境下生存，同时其他子平台也会相互影响。

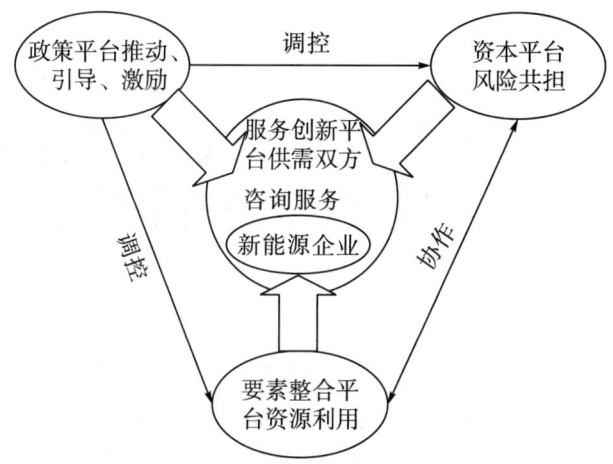

图3-5 四驱平台建立

资本平台承担了融资功能的关键角色,资本市场和资本投资机构是由政府进行调控与引导的,资本平台的存在为需求方营造了上市融资的环境,并由于创业板和中小企业板的推出,使得科技型中小企业的上市融资也已经不是幻想;资本投资机构的参与丰富了融资渠道,其中最为突出的就是基金,近年来基金对于新能源企业的扶持已不容忽视。

要素整合平台是政府扶持搭建的信息、技术、人才等交流与交换的平台,为投融资体系和创新体系提供所需的各种资源。其作用是达到资源的共享,从而使资源的利用变得更加有效率。政府要高度重视要素整合平台的作用,利用好要素整合平台,便可起到放大作用和杠杆作用的效果。

服务创新平台上,实现从一般要素到金融等高端服务的服务链条,让企业在发展过程中享受到"管家式"服务。通过"互联网+"等信息技术改造传统交易平台和模式,促成供需双方直接见面的市场,降低交易及发现成本,提高交易效率。

"四驱平台"通过建立"政策平台、资本平台、要素整合、服务创新平台"四个平台全面保障新能源产业集群的持续发展。通过四驱平台,借助国家政策优势,利用债权、股权、股债结合的多元化筹资方式,整合各类资源要素,优化产业服务,共同促进新能源产业的发展。

第四章 革新与突破：西部地区新能源产业发展技术创新研究

技术创新是支撑新兴产业可持续发展的强劲动力。现阶段，新能源技术发展处于引入阶段与快速发展阶段，各个领域的主导技术正在逐渐形成，技术应用也开始走向市场化。但相比传统能源，新能源技术创新具有研发难度大、资金投入高、产业周期长、工程化过程复杂等特点。因此，应探讨新的技术创新范式，提出支撑技术发展的制度设计和措施建议，持续推进新能源产业的技术创新。

第一节 西部地区新能源技术发展阶段

新兴技术是那些新近产生甚至正在发展的、对经济结构产生重要影响的高新技术。新兴技术的本质特征是不确定性与创造性变革。新能源技术是新兴技术的一种类别。现阶段，根据技术方案与主导设计、新旧技术的替代、技术应用的市场化特征以及相关产业体系的形成对新兴技术的发展阶段进行划分，新兴技术发展可以分为萌芽阶段、引入阶段、发展阶段、成熟阶段四个阶段。每个阶段的具体特征如表4-1所示。

表4-1 新兴技术发展的阶段性特征

阶段	主导技术/设计	新旧技术替代	市场化应用	产业体系形成
萌芽阶段	—	新技术突破	细分市场	无
引入阶段	技术方案多元化存在不确定性	原技术范式主导新技术调整适应原有技术范式	示范应用细分市场	产业体系不成熟

续表

阶段	主导技术/设计	新旧技术替代	市场化应用	产业体系形成
发展阶段	逐渐形成主导设计	新旧技术范式互补	规模经济 范围经济	关联产业发展
成熟阶段	形成主导设计	新旧技术范式形成	完全市场化应用	产业链横纵向扩张，各应用领域渗透

根据以上4个维度对新能源技术进行分析，那么西部地区新能源技术的发展应该主要处于引入阶段与发展阶段之间：各个领域的主导技术逐渐形成，但依旧存在不确定性；原有的技术范式存在优势，新能源技术需要调整适应；新能源技术应用逐渐市场化，但示范应用以及面向特定细分市场特征明显。此外，西部地区新能源技术相关的产业体系发展尚不健全，亟待进行完善。尤其需要说明的是，现阶段，西部地区仍然是以煤炭、石油、天然气等传统能源产业为主导，在西部各省的能源产量结构中，新能源产量比重较小。西部地区风能、太阳能、生物质能等新能源技术发展阶段特征如表4-2所示。

表4-2 西部地区新能源技术发展现阶段特征

技术种类	主导技术/设计	新旧技术替代	市场化应用	产业体系形成
风能	主导设计初步形成	原技术范式主导 新技术调整适应原有技术范式	示范应用 细分市场	相关产业逐步发展 产业体系不成熟
太阳能	主导设计初步形成，但存在不确定性，光伏以多晶硅技术为主，薄膜技术为辅	调整适应原有技术范式	示范应用 初步市场化	光伏形成产业链和价值网络，与电网的产业生态系统还有待形成
生物质能	技术方案多元化发展	新旧技术范式互补应用 乙醇汽油 生物汽油	示范应用	产业体系不成熟
新能源汽车	逐渐形成主导设计	新旧技术范式互补	规模经济 范围经济	关联产业发展
页岩气	逐渐形成主导设计	新旧技术范式互补	规模经济 范围经济	关联产业发展

续表

技术种类	主导技术/设计	新旧技术替代	市场化应用	产业体系形成
核能	实验阶段	没有形成固定技术范式	实验室应用	产业体系不成熟
燃料电池	实验阶段	没有形成固定技术范式	实验室应用	产业体系不成熟

第二节　西部地区新能源技术创新与产业化应用

一、现阶段新能源技术创新与产业化应用情况分析

由于我国新能源技术的起点并不都是从基础技术研发开始的，因此，西部地区新能源技术创新的过程中，需要考虑技术引入方式、创新路径与特征、产业化应用三个方面的内容。其中，技术引入方式是指新能源技术的获得方式，例如自主研发、技术引进等方式；创新路径与特征是指新能源产业领域的技术自主创新，或通过跟随与模仿逐步建立自主创新能力，同时还包括产品创新与工艺创新等方式；产业化应用是指新能源技术的市场化推广与应用过程。图4－3是现阶段西部地区新能源技术引入方式、创新路径与特征及产业化应用。

表4－3　西部地区新能源技术引入方式、创新路径与产业化应用情况

技术种类	技术引入方式	创新路径与特征	产业化应用
风能	外企主导 配套本地化 关键技术缺乏	跟随与模仿 产业体系不成熟 技术收购模式	没有形成足够的市场规模
太阳能	掌握核心技术 自主创新能力强 创新网络形成 产品工艺创新能力	自主创新 从装备转移到人才转移 工艺调整能力	应用的范围经济和规模经济初步形成
生物质能	需要技术突破，以实现生物质能的高效转化	关键技术突破	产业化程度低 市场需求较少

续表

技术种类	技术引入方式	创新路径与特征	产业化应用
新能源汽车	掌握核心技术 自主创新能力强	自主创新 从装备转移到人才转移	应用的范围经济和 规模经济已经形成
页岩气	掌握核心技术 适合本地资源条件 自主创新	关键技术突破 自主创新	应用的范围经济和 规模经济已经形成
核能	技术跟随	关键技术突破	产业化程度低
燃料电池	技术跟随	自主创新 关键技术突破	实验室应用

（一）风能

（1）西部地区风能发展中技术创新较为薄弱，缺乏有自主知识产权的核心技术。因此，关键技术在很大程度上还依赖于国外，技术水平整体上还处于引入阶段。由于缺乏必要的产业共性知识基础，导致风电产业在技术创新的环节发展较为缓慢，产业化程度偏低，风机的国产化程度也很低。其中，主要存在的技术瓶颈如下：

第一，控制系统滞后。当风机处于狂风状态时，可以自动调节风轮叶片自动卸载，使叶片与风向平行，这样叶片受到风的作用力最小，也就抵抗了风的破坏作用。风电机在大风中损毁，说明风电机的控制系统还不可靠，并存在严重缺陷。

第二，叶片风载特性问题。现有叶片是按空气动力学原理设计，并采用直升机桨叶的结构进行设计，具有很强的高风速特性。这种结构在微风状态下，空气动力性能肯定是很弱的，就像飞机速度低没有升力一样。而这个风速是时间最长，最有开发价值的风速，也就是说花费高额成本设计制造的风电机叶片，在大部分时间并没有发挥应有的效能，而且造成微风发电性能差。这种性能造成装机容量很大，而发电量却很少的不利局面，给风电场的盈利带来一定风险。

第三，叶片质量问题。大叶片制造技术是大型风电机的关键技术，随着大型风电机组由千瓦级向兆瓦级发展，叶片的长度也越来越长。风轮的转速通过叶片进行调控，叶片在不同风速情况下的变形和切入角都有很严格的要求，所以叶片的设计和制造难度非常大。目前大叶片的设计制造技术还是薄弱环节，叶片的设计寿命是二十年，在使用中会遇到各种恶劣的气候条件，有冷冻、暴晒、雷电、强风等不利因素的考验，如果达不到使用寿命就会带来很大的损失。而且大型叶片高昂的成本和运输困难，也是一项不可忽视的问题。

（2）创新路径与特征多样化。目前，世界风电设备发展的新趋势表现为大型化、变速运行和无齿轮箱，兆瓦级风电机组已具备了商业化价值。与世界风电强国相比，我国风电设备制造起步较晚。由于国家和企业投入的资金较少，缺乏基础研究积累和人才，西部地区风力发电机的研发能力严重不足，总体来说还处于跟踪和引进国外先进技术的阶段。风电产业技术还没有达到国外主流机型的技术水平，正在开发的机型已经是国外相对成熟的技术。风力发电机组技术发展非常迅速，更大功率、更先进技术和新设计理念不断涌现，部分技术企业刚刚掌握就已经落后于国际主流技术，而风电机组的可靠性必然要求其通过在自然恶劣条件下长时间的运行来验证规模化生产是降低成本的必然选择。

大型国有风电企业（如四川风瑞能源、湘电股份、新疆金风科技等）的发展强调自主创新的技术战略。而民营风电企业更多地集中在跟随创新，通过反向工程学习、开发已有先进技术实现该技术的再现与应用；或者通过技术、知识产权的许可、转让等获得已有先进技术，在引进国际先进成熟技术的同时消化吸收它们，推进自己的技术研发。其先从国外"平移"先进技术，确保生产过程中的质量，然后利用成熟的技术在国内扩大生产规模，建立自己的产业链。从我国风电产业的整体现状而言，应实现由跟随创新到局部创新这个层次的过渡，由引进技术向自主研发过渡，科学研究的比重应逐步增加，知识产权应由受让、被许可向获取知识产权所有权过渡。

（3）产业链发展不完善，市场化程度低。风能产业链主要包括5个主要环节，即原材料，风电设备，整机制造，物流、开发与运营（包括工程开发、岩土工程服务、运输、建设、运营和维护），终端应用。原材料领域主要包括传统材料（如钢材、铸铁、铝、铜、橡胶、黄铜、水泥等），也包括新型材料（碳纤维CFRP、玻璃纤维、亚酸盐陶瓷、特氟纶永磁材料、木/环氧等）。风电设备包括风轮、叶片、轴承、变流器、主控系统、发电机、机舱罩、齿轮塔架等。整机制造的形式有代工生产OEM与独立的风机制造企业。物流、开发与运营环节包括工程开发、岩土工程服务、运输建设与运营维修。终端涉及用户应用类型，即公共事业服务、工业生产、居民生活、海上工程，如图4-1所示。

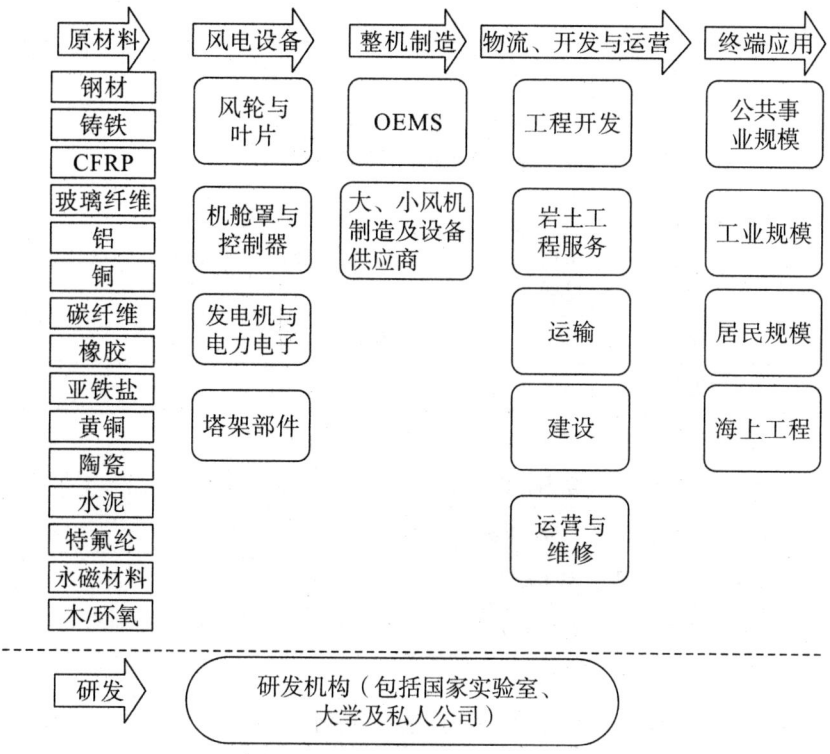

图 4-1 风能产业链示意图

风电产业链包括制造链和应用链。制造链包括原材料、风电设备、整机制造；应用链包括物流、开发与运营，终端应用等。西部地区风电行业起步较晚，服务业成熟度不高。主要风电机组制造企业分布在东部地区、沿海地区，而西部地区生产基地较少。西部主要生产基地如表 4-4 所示。

表 4-4 中国主要风电机组制造企业西部生产基地

序号	企业	西部生产基地
1	金风科技	新疆乌鲁木齐（总部）、新疆哈密、内蒙古乌兰察布、甘肃酒泉、宁夏银川、陕西西安、内蒙古包头
2	联合动力	内蒙古包头、内蒙古赤峰
3	明阳风电	内蒙古乌兰察布、甘肃酒泉、云南大理、青海省海西蒙古族藏族自治州
4	华锐风电	内蒙古包头、甘肃酒泉、新疆哈密
5	上海电气	甘肃金昌

续表

序号	企业	西部生产基地
6	东方电气	四川德阳（总部）、内蒙古通辽、甘肃酒泉、内蒙古呼伦贝尔
7	湘电风能	湖南湘潭（总部）、内蒙古通辽
8	运达风电	宁夏吴忠
9	重庆海装	重庆（总部）、内蒙古锡林郭勒、新疆哈密、甘肃敦煌、云南昆明
10	华创风电	内蒙古通辽、宁夏中卫
11	航天万源	内蒙古乌兰察布、甘肃酒泉
12	华仪风电	宁夏石嘴山市平罗
13	南车风电	湖南株洲（总部）、内蒙古包头
14	Gamesa	内蒙古乌兰察布
15	四川风瑞能源	四川成都
16	麦德风能	江西省吉安市
17	维德风电	陕西西安
18	宁夏风霸	宁夏银川、内蒙古呼和浩特

资料来源：笔者根据所列企业官网信息整理。

风能产业是综合性很强的产业，在风能发展中建立完整的风能产业体系（产业链）是非常重要的环节。目前，西部地区风能产业链尚未形成，特别是风能服务体系很不健全。投资商投资的重点主要在风电机组制造和风电场建设方面，对企业的利润实现要求比较高，而与风电相关的设计与咨询、运输与安装、运行与维护、监测与认证等技术服务行业还没有完全形成，因此影响风能产业的规模化发展。

（二）太阳能

我国西部地区幅员辽阔，日照充分，非常有利于建造独立的太阳能光伏电站，或者风光互补电站，也适合一家一户的小型独立光伏系统；同时，西部地区地广人稀，常规电能的使用成本昂贵，使得部分地区至今用电尚未普及。因此，这些无电地区和无电人口是发展利用太阳能光伏发电的巨大潜在市场。西北五省是我国光伏发电大省，截至2017年底，西北五省光伏累计并网规模已经达到35GW，占全国总装机规模的27%；2017年的发电量为407.25亿

kWh，占全国光伏当年总发电量的34%。我国自1958年就开始进行太阳能电池的研制，现阶段已经具备一定的技术水平和基础。

（1）多晶硅技术范式已经形成，材料有望达到自给。多年来，光伏产业技术自主创新与集成创新相结合，形成了光伏产业具有自主知识产权的核心技术体系。主要表现为千吨级多晶硅规模化技术取得突破，很快将基本可以自给，不再依赖进口；中国晶体硅太阳电池的生产已经占有技术和成本的绝对优势，2009年的产量占全世界产量的40%；主要光伏生产设备的国产化率不断提升；薄膜电池等新型技术水平也不断进步。多晶硅生产技术方面，千吨级多晶硅规模化生产技术取得重大突破，初步实现循环利用和环保无污染、节能低耗生产，在三氯氢硅合成提纯技术及装置、还原炉制造技术自动电控技术及装置、尾气干法回收、四氯化硅氢化技术等方面有了较大提升，打破了国际上对于多晶硅生产技术的垄断。还原炉由9对棒发展到现在的12对棒、18对棒和24对棒，生产工艺也由原来的常压发展到现在的加压生产。个别企业还实现了四氯化硅冷氢化闭环工艺，使得综合能耗和生产成本大大降低，彻底解决了四氯化硅的排放和污染环境的问题。江西赛维LDK太阳能高科技有限公司、陕西拓日新能源科技有限公司、特变电工新疆新能源股份有限公司都有各自的专利技术，电池的转换效率均达到世界先进水平。但是目前，还应该在非晶硅太阳能电池、硅基薄膜太阳电池、染料敏化太阳电池、碲化镉薄膜太阳电池、铜铟镓硒薄膜太阳电池等方面进行深入的技术研发，通过解决技术难题，大幅度提高太阳能电池的转化效率、降低太阳能光伏发电设备成本、增加太阳能光伏发电设备工作寿命，以此使太阳能发电被广泛接受和使用，真正能够替代传统能源。

（2）创新路径与特征呈现本土化特征，自主创新与集成创新能力较强。太阳能产业生产领域的加工设备几乎完全引进，重在生产工艺改进，创新的目标在于提高转化效率或者降低成本。创新特征体现为：由产业链低端到高端的学习过程，国内光伏企业正在逐步积累技术经验，向产业链高端延伸。在工艺创新方面，体现为由生产线自动化到人工分解的模式。由于产业发展与主导技术的不确定性，相对于德国、瑞士自动化生产线的模式，中国劳动密集型的"人手+工具"的模式更加具有灵活性，因为自动化生产线使得生产工艺固化，限制了生产工艺的改进。

在光伏产业领域，技术创新体现出多样性特征，西部地区光伏企业采取了不同的技术创新战略，例如江西赛维LDK在关键技术领域的领先，陕西拓日新能源科技的产业链垂直整合，乐叶光伏正面银浆"细线化"等，分别从技术壁垒、资金壁垒、精细管理壁垒等方面加强了企业的竞争优势。

（3）产业链和价值网络基本形成。光伏产业链是由一条主线、多条辅线组成的。其中，一条主线从多晶硅生产开始，以此经过硅片、电池片、电池组件制造环节，最后形成了光伏电站。

除了这条主线，光伏产业链还有多条辅线。一是关键制造设备，在多晶硅、硅片、电池片等的生产环节都有所涉及。二是关键辅料，主要存在于电池片生产环节，包括银浆、光伏玻璃、EVA背板等。三是关键零部件，主要存在于电池组件制造和电站建设环节，包括逆变器、控制器、跟踪器等，如图4-2所示。

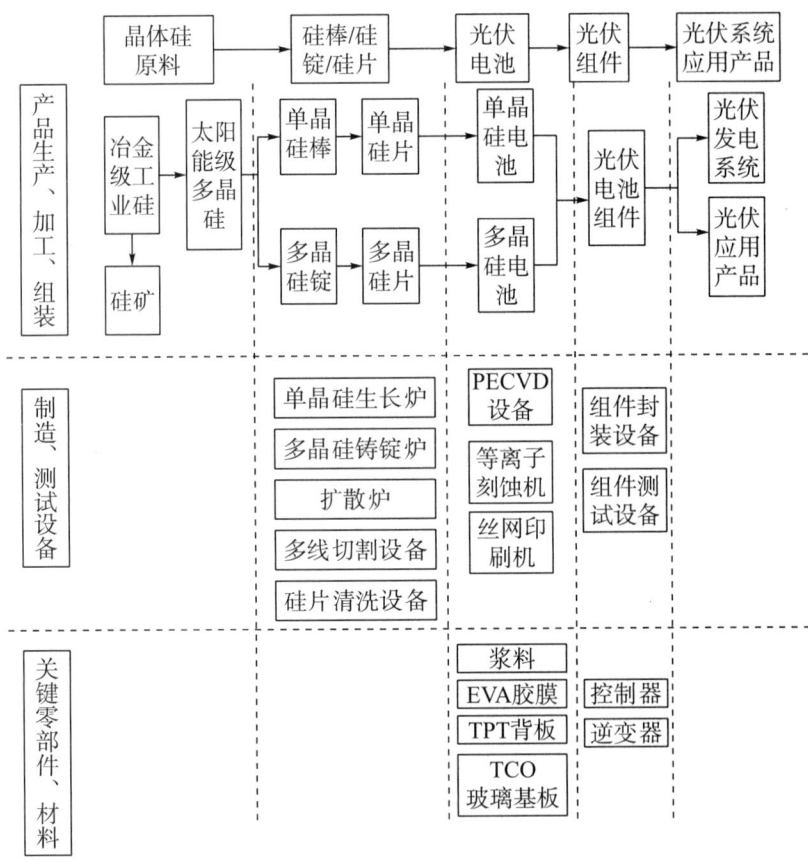

图4-2 光伏产业链相应环节的关键制造设备

在光伏产业链上，光伏电池片及其组件制造是技术含量相对较低的环节。在这样的环节中，西部地区较易利用劳动力、土地、环境等成本较低的优势，从事大规模量产或出口。多晶硅制造企业具有较强的引进消化吸收能力，目前已经掌握了万吨级别改良西门子法生产工艺，流化床法生产工艺也已经投入量产。截至2017年末，我国西部地区超过万吨级产能的多晶硅企业有6家，分别为新疆大全新能源股份有限公司、四川永祥股份有限公司、亚洲硅业（青海）有限公司、新疆东方希望新能源有限公司、江西赛维LDK太阳能高科技有限公司、内蒙古盾安光伏科技有限公司。和多晶硅环节一样，光伏制造设备环节也经历了国产化率从无到有、从低到高的发展过程，部分制造设备已经达到了国际领先水平。光伏关键零部件制造业不仅实现了进口替代，而且由于掌握了核心元器件技术，得以借助其低成本优势，在国际市场上取得了较高竞争力，例如光伏逆变器领域。但是，光伏产业制造业总体的关键设备依赖度也较高。太阳能电池生产的关键设备绝大部分来自国外供应商，进口设备费用约占企业设备费用的80%，仍然需要进行自主核心技术的研发。

随着近几年国内光伏行业的快速发展，光伏产业链逐渐向两头延伸，现阶段我国西部地区很多省域，从上游端硅材料和下游终端光伏系统集成起步，以产业两端带动中间，逐步形成了工业硅、多晶硅、晶锭/硅片、光伏组件、逆变器、系统集成与运维服务等较为完整的产业。

以江西赛维LDK成立于新余市为标志，江西省的光伏产业集群发展起步于2005年，并逐步从新余扩展到上饶、九江、南昌等地；就产业链环节而言，逐步从多晶硅和硅片扩展到电池片、组件等环节，形成较完整的产业链。

新疆维吾尔自治区则形成了以石河子—准东—哈密为中心的工业硅制造基地，以乌鲁木齐—石河子为中心的高纯多晶硅制造基地，以吐鲁番、哈密为中心的晶锭/硅片、组件、逆变器制造基地，以乌鲁木齐、准东、哈密为中心的系统集成与运维服务基地。

（三）生物质能

生物质能是仅次于煤炭、石油、天然气等传统能源的一种能源形式，处于全球能源消费总量的第四位，在整个能源体系中占有非常重要的位置。我国生物质能资源丰富，但能源占比偏低。生物质能发展"十三五"规划中，西部地区主要涉及的重点省份有四川省、贵州省、云南省、陕西省、青海省等。西部地区生物质能源的开发利用，对推动西部地区生态文明建设，能源革命，应对气候变化和保障美丽乡村建设都有重要意义。

（1）生物质能技术主要包括生物质发电、生物液体燃料、生物燃气、固体成型燃料、生物基材料及化学品等。现阶段，我国的生物质能取得了一定的成果，例如突破了低值生物质资源的高值利用问题，建立了国际首套百吨级秸秆原料水相催化制备生物航油示范系统。但是，整体来看，技术研发水平薄弱，技术路径需要实现突破。在各项技术中存在的问题如下：

第一，在生物质发电技术方面，锅炉系统、配套辅助设备工艺等与国外特别是欧洲国家存在较大差距，特别是燃烧装置沉积结渣和防腐技术亟待进行突破；气化发电技术存在规模小、效率低、副产物处置困难等问题；混烧发电技术尚未建立完善的混烧比例检测系统、高效生物质燃料锅炉及其喂料系统。

第二，在生物质液体燃料方面，纤维素原料燃料乙醇生产技术还处于中试阶段；生物质合成燃料技术仍处于起步阶段；生物质液体燃料的转化反应机理、高效长寿命催化剂、酶转化等方面的基础研究薄弱，精制工艺和副产物回收技术开发力度不足，存在转化率不高、产品质量不稳定等问题。

第三，在生物质燃气方面，生物质制氢还停留在实验室阶段，催化合成气技术处于中试阶段；沼气技术发展迅速，大中型沼气工程建设速度明显加快，但高效厌氧发酵技术、沼气提纯与储运技术需进一步提高。

第四，在生物质成型燃料方面，固体成型燃料的成型黏接机制和络合成型机理尚不清楚。

第五，在生物基化学品及材料方面，与国际先进水平相比，其产品性能、制造成本、关键技术集成与产业化规模等方面还存在较大差距。能源植物资源品种培育的分子遗传育种才刚起步，且对培育出来的优良品种的利用与推广较少。

总之，生物质能基础研究薄弱，源头创新不足。为了维护其引领产业发展的战略地位和经济利益，发达国家普遍对生物质转化利用的核心技术进行封锁和垄断，我国企业很多关键技术（如生物质转化的纤维素酶、己二酸等平台化合物、高分子单体乙二醇、高性能低成本生物塑料单体技术和非金属仿真催化剂等）和关键设备（如流动反应器、集储设备的打结器、反应器自控系统等）只能依赖进口，导致我国生物质原料规模化生产、集储效率低，产业成本高。而西部地区技术发展更为落后。

生物质能产业的创新特征体现为关键技术的突破，例如杂交、生物转基因技术、纤维素分解生产乙醇技术、高效水解酶技术、生物工程技术等关键技术的发展。

（2）目前，生物质能产业发展技术路线尚不成熟。根据生物质能原料属性和技术水平，可以将其划分为三代。

第一代生物质能产业原料主要是粮食作物，如玉米、大豆、甘蔗、小麦等。其采用生物沼气技术、生物质致密成型技术、生物质燃烧技术等技术工艺，主要技术产品是生物柴油和燃料乙醇等。由于以粮食为生物质原料，需要大面积土地用于种植作物，容易产生粮食安全问题。

第二代生物质能产业原料主要是秸秆、木材等农业和林业废弃物，通过生物纤维紫转化利用技术，将生物质原料转化为生物燃料，包括制取燃料乙醇技术、合成液体燃油技术、生物氢化技术等。但相对于第一代生物燃料，第二代生物质能技术转化成本较高，真正实现商业化和规模化的项目较少。

第三代生物质能产业以微藻为主要原料制取可再生能源。微菜可以用于生产液体燃油、燃料乙醇、生物甲醇等生物质燃料。微藻可以在海水中进行大规模人工养殖，造成的生态环境危害相对较小。但当前从微藻中制取生物质能的技术还处于研发阶段，技术体系还不成熟，尚不能进行商业化开发。

（3）产业化水平较低，以示范应用为主。生物质能发展产业化水平较低，主要是依靠政府补贴的示范工程，市场化动力不足，主要以示范应用为主。以沼气产业链发展的情况为例。我国沼气最初开发主要定位于户用沼气，因此全国户用沼气池数量较多。2006年我国户用沼气用户已经达到2200万户，到2015年户用沼气为4193万户，到2018年沼气用户已达到4230万户。[①] 近年来，户用沼气增长缓慢，也反映出近年来发展模式遇到瓶颈。受气候条件、原料资源和市场需求等因素影响，中国沼气应用的地域分布并不均衡。根据西部沼气发展水平的空间分布情况，四川户用沼气池数量最多；广西、湖北、湖南、江西、贵州、云南等省区户用沼气发展处于较高水平；而西北、青藏高原等地区的沼气发展水平较低，西藏户用沼气发展水平低，总体上落后于全国平均水平。户用沼气建设一般是在国家财政支持下建设的，如果离开财政资金和技术支持，户用沼气难以大规模推广应用。因此，西部地区主要是采用自产自销应用模式，较难形成规模化和产业化。

当前，沼气产业已从单一的粪污治理发展到秸秆沼气化处理、工业有机废弃物沼气化处理、城市生活垃圾沼气化处理，沼气应用领域扩展到发电、与天然气管道并网等领域，沼气产业链和应用领域的深化和扩展，为沼气产业的快速发展提供了良好的基础。沼气工程的工艺流程可以分为生态型、环保型和热电肥联产型三种类型。虽然各种类型工艺技术具有一定的差别，但总体上沼气工艺流程可以分为四大系统即预处理系统、沼气发酵系统、沼气利用系统和沼气处理系统，如图4-3所示。对沼气工程的四大流程进行细化，可以得出沼

---

① 数据来源于《中国农村能源年鉴（2018）》。

气产业链构成，如图 4-4 所示。产业链前端主要包括农林废弃物、畜禽粪便、工业有机废弃物和垃圾等有机原料的收集和预处理；再经过厌氧发酵装置的消化，产生沼气；沼气经过净化、储存和配输，最终用于供热、发电等；沼液和沼渣经达标处理后，用于作物的种植。在沼气产业链的各个环节，共涉及厌氧发酵技术、沼气净化技术和沼气存储技术等，其中厌氧发酵为核心技术。

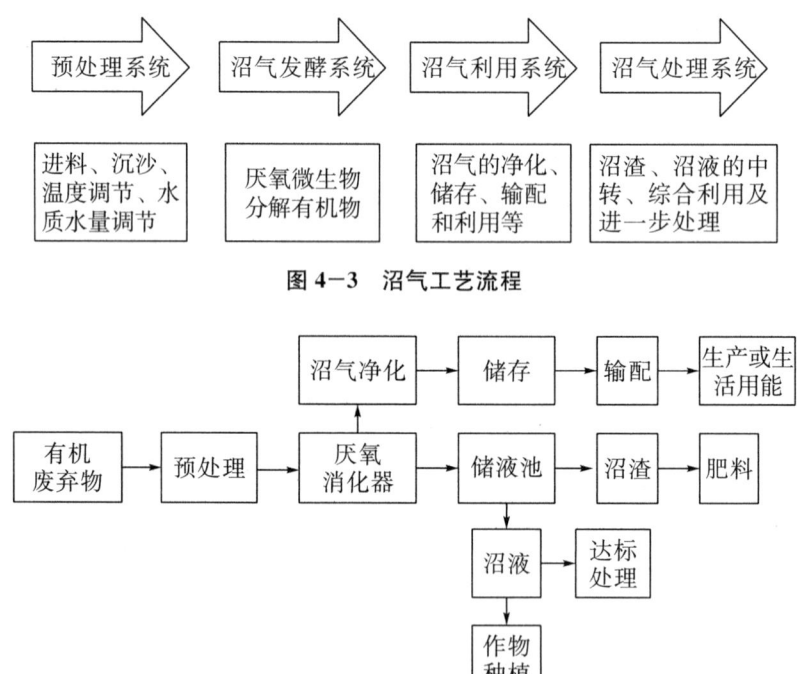

图 4-3　沼气工艺流程

图 4-4　沼气工程产业链示意图

与发达国家相比，中国沼气产业链在原材料的收集和预处理环节以各种废弃物为主，而国外已发展到以能源作物为主的混合发酵原料。国内规模化沼气站主要建在大型畜禽养殖场和污水处理厂，由于畜禽养殖场的规模和数量均存在一定程度的限制，制约了该类型沼气站的产业化运营。要实现系统的沼气产业化发展，需要在原材料的收集和预处理环节实现大规模的工业化生产。

在发酵处理环节，中国普遍采用常温发酵，而发达国家 90% 以上的沼气产业采用中温发酵工艺。与国外相比，国内沼气工程产期率还有很大的差距。同时，后续管理服务跟不上，沼气设备出现故障不能及时得到解决，造成沼气设备停用现象频发。

在产品应用环节，中国沼气利用途径单一，沼气只能就地利用，尚未实现商业化销售，产业经济效益不显著，影响了沼气产业化的形成和发展。

因此，与国外先进水平相比，中国沼气产业链各个环节附加值都较低，要实现沼气产业的高端和高效还需要解决原料、发酵技术以及沼气产品的商业化问题。

（四）新能源汽车

随着我国工业经济快速发展，多个领域已经进入世界前列。我国汽车工业从无到有，经过多年发展成为国民经济发展重要支柱产业。现阶段，国内已形成六大汽车产业集聚区，分别是长三角集群、珠三角集群、京津冀集群、中三角集群、成渝西部集群、东北集群。2017年西部汽车产业集群主要车企、产能和投资规模如表4－5所示。

表4－5 2017年西部汽车产业集群主要车企、产能和投资规模

城市	主要车企/基地	产能规划（万辆）	投资规模（亿元）
重庆	金康汽车	5	25.1
	力帆汽车	20	/
	长安汽车新能源汽车基地	24	/
	长安汽车新能源汽车零部件项目基地	/	102
	比亚迪动力电池项目基地	/	100
	车和家	40	110
	北汽集团	30	30
兰州	知豆	4	8.8
成都	川汽野马	12	/
	五龙电动车	40	160
南京	力帆汽车	25	50
西安	比亚迪	10	/

数据来源：中商产业研究院整理。

在产业集聚区中，除传统造车行业外，新能源汽车产业规模逐步扩大。新能源汽车西部汽车产业集群以重庆为中心，拥有长安集团、长安福特、长安铃木、力帆汽车等车企，重工业基础雄厚。重庆市的新能源汽车产业政策吸引了大批的新能源汽车企业在该地区投资，如吉利汽车、比亚迪、北汽集团、长安

新能源等大型车企都在该区域规划了大型投资项目。

（1）新能源企业掌握部分核心技术。新能源汽车最重要的核心就是电池、电机和电控，称为"三电技术"。

新能源汽车动力电池基本有这几类：镍氢电池、钴酸锂 18650 电池、磷酸铁锂电池、三元锂电池、石墨烯电池以及氢燃料电池。特斯拉 Model S 使用的就是钴酸锂 18650 电池，这种电池的生产技术成熟，电池能量密度高，大约是磷酸铁锂电池的两倍，但是高温状态下的稳定性比其他电池稍差。而我国大部分电动汽车在电池方面则跟特斯拉做出了完全相反的选择，例如比亚迪的秦、唐等车都使用的是硫酸磷铁电池，这种电池是目前车用锂电池中稳定性最高的。而氢燃料电池是真正意义上的零污染能源，是最完美的汽车燃料，但是氢燃料的安全性以及贮存技术还不太成熟。石墨烯电池和氢燃料电池短时间内还无法应用到新能源汽车上，但这也将成为未来我们新能源汽车动力电池的研究方向。

我国企业电机技术优势明显。新能源汽车采用的电机主要有两种：异步电机和永磁同步电机。以比亚迪为代表的国内新能源车以及后来的特斯拉 Model 3 都选择了永磁同步电机，就是为了在有限的电池容量下实现最佳的续航里程。所以，对于新能源汽车来说，永磁同步电机是目前发展的趋势。

我国新能源汽车已基本掌握电机控制系统技术。作为汽车动力的指挥官，电机控制系统技术的核心则是绝缘栅双极型晶体管芯片。新能源汽车的动力电池提供的是直流电，而驱动电机所需要的则是三相交流电，这中间就需要电机控制系统来工作，将直流电转换为交流电。比亚迪打破国际技术封锁，比亚迪车用 IGBT 模块荣获全球电子技术领域的"2018 年度中国 IC 设计公司成就奖之年度最佳功率器件"的称号。

（2）创新路径与特征呈现本土化特征，自主创新能力强。中国将新能源汽车作为七大战略性产业之一。习近平总书记提出：发展新能源汽车是我国从汽车大国走向汽车强国的必由之路。为此，中国新能源汽车的发展政策相对比较健全，与其他国家相比更为系统。中央财政和地方财政同时补贴新能源车辆生产成本差价，在购置税上减免，在新能源公交车运营上予以补贴，还设置了新能源车辆专门的车牌，在道路通行权上予以优先等。在众多正面政策的鼓励下，西部新能源汽车市场需求螺旋式上升，一年一个大台阶。与其他汽车强国是不同的，西部地区汽车技术路线主要采用的是以纯电动和插电混合动力汽车为主、兼顾燃料电池汽车路线。以纯电动汽车为主要突破口，在公交车辆上，取得了世界上第一的武汉（BRT）18 米公交车全部电动化的成绩；在 A00 级乘用车上规模产业化的基础上，取得世界上第一的山西省太原市出租车全部实现纯电动化的成绩。

（3）产业链和价值网络基本形成。我国新能源汽车产业积累了一定的先发优势。我国新能源汽车行业已经形成从原材料供应、动力电池、整车控制器等关键零部件研发生产到整车设计制造，以及充电基础设施配套建设的完整产业链，具备了一定的产业基础和优势。新能源汽车产业链主要由上游的动力锂电池制造、中游的整车企业和下游的充电服务产业组成，如图4-5所示。

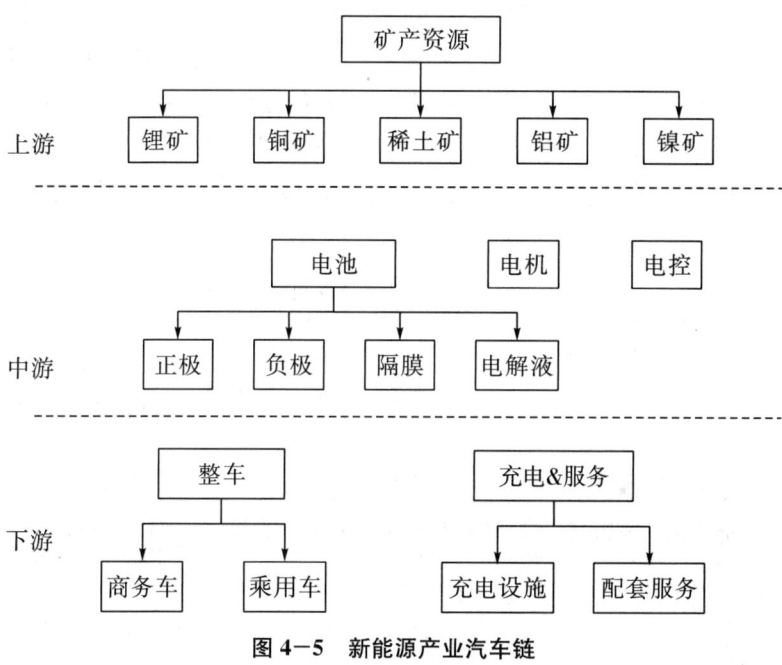

图4-5　新能源产业汽车链

目前我国西部地区对新能源汽车产业都有较为完善的投资规划，很多省市已经形成了完善的产业链和产业集群。青海省是国内锂资源的"根据地"，近水楼台、得天独厚成为是青海省发展锂产业的特色优势。数据表明：青海盐湖资源丰富。青海省储量超过100亿吨的特大盐湖有2个，10亿~100亿吨的大型盐湖6个，初步探明盐湖氯化锂2400多万吨，占全国已探明储量的90%以上，已探明锂资源占世界盐湖锂资源储量的1/3，占据全国锂资源储量首位。依托于资源优势，青海省已逐渐形成一条"盐湖提锂—正负极材料—电解液—隔膜—锂电池制造—新能源汽车产业及配套"完善的产业链，锂电产业链聚集效应已初具规模，且成效显著。除了青海省以外，重庆借助其传统汽车产业优势，在新能源汽车的发展中居于前列。四川省汽车产业虽然起步较晚，但在

2015年就已经突破百万辆产量，是国内为数不多的拥有百万辆汽车产能的省份。而陕西省重点培育陕汽重卡、比亚迪新能源汽车、吉利SUV等品牌，并将把汽车产业列为重点打造的支柱产业。

（五）页岩气

我国页岩气可采资源量约为 $26\times10^{12}\,\text{m}^3$，主要分布在四川、鄂尔多斯、渤海湾、松辽、江汉、吐哈、塔里木和准噶尔等含油气盆地，从省（区、市）分布上来看，西部地区页岩气资源较多，四川、新疆、重庆、贵州、湖北、湖南、陕西7个省（区）共占全国总资源量的68.87%，页岩气资源分布相对集中，如表4-6所示。以四川盆地为例，仅评价的寒武系和志留系两套页岩，其页岩气资源量就相当于该盆地常规天然气资源量的1.5~2.5倍。因此，西部地区在页岩气勘探开发技术、装备制造、产业发展方面，都取得了一定的成绩。

表4-6 我国页岩气资源有利区块划分

区块分类	分布区域	层系	省份
Ⅰ类	川南、川东	寒武系、奥陶－志留系、侏罗系	四川、湖北、重庆等
	鄂尔多斯盆地	三叠系	陕西
Ⅱ类	渝东南、滇黔北、渝东鄂西、四川盆地、渝东北等	寒武系、奥陶－志留系、二叠系、三叠系	四川、湖北、重庆、贵州、云南等
	江汉、苏北、修武、萍乐盆地等	寒武系、二叠系	安徽、江西等
	辽河东部凹陷、松辽盆地等	古近系、白垩系	辽宁、黑龙江等
	塔里木、准噶尔、吐哈、柴达木盆地等	寒武系、奥陶系、石炭系、二叠系、三叠系、侏罗系、白垩系	新疆、青海、甘肃等
Ⅲ类	Ⅰ类、Ⅱ类以外其他区域	寒武－古近系	部分省（区、市）

(1) 实现核心技术和关键设备国产化，部分技术达到世界领先水平。现阶段，石油公司在四川长宁－威远国家页岩气示范区进行页岩气资源调查评价、野外地质调查、地球物理勘探、水平井钻完井、水平井分段压裂改造、微地震监测技术以及核心工程技术攻关集成和"工厂化"作业，都取得了长足的进

步。我国已基本实现分段压裂工具、压裂液及压裂测试核心技术和关键设备的国产化,如延长石油集团开发的二氧化碳压裂工艺技术在国际上也处于领先水平。中国石油天然气股份有限公司西南油气田分公司大力实施地质工程一体化,持续完善高产井培育模式,试验推广新一代体积压裂技术,全面实施了钻井提速工程,区块单井获最高测试日产量,实现新的突破,进一步坚定了加快发展页岩气的信心。页岩气生成、储集与保存过程及其耦合机制、基于山区低品质地震资料的页岩气"甜点"预测技术、上部井眼防斜打直技术、超长水平段井壁稳定与地质导向技术、页岩储层微纳米空隙结构综合表征技术等均取得了一定的研究成果,并有待新的突破。

(2) 页岩气技术发展必须走自主创新发展之路。我国西部地区页岩气勘探开发研究起步较晚,勘探研究工作从 21 世纪初才开始,与北美成熟的页岩气商业开发区相比,在区块地质构造、资源评价、开采技术工艺等方面都有很大差异。虽然引进国外的成熟工艺技术,在先期开采中取得了一定的成绩,但是移植过来的技术与我国的地质勘探情况易产生"水土不服",自主创新才是最终发展的路径。近几年来,在各级政府的大力扶持下,产学研协同发展下,页岩气的勘探开发先后在重庆市涪陵区、永川区,四川省长宁县、威远县、彭州市,云南省昭通市,湖南省宜昌市,陕西省延安市等多个地区实现突破,特别是涪陵大型海相页岩气田的发现并成功开发,标志着我国首个最大整装页岩气田的诞生,也使我国成为继美国、加拿大之后第三个实现规模化开发页岩气的国家,走出了页岩气自主创新发展之路。

在页岩气勘探开发装备制造方面,拥有较高的技术水平和制造能力。目前,四川省的油气装备制造企业技术水平取得了很大突破,钻机设计水平和制造能力跻身世界前列,以 12000 米陆地特深井钻机及顶部驱动装置为代表的产品达到了世界先进水平,标准化和系列化的钻机可基本满足高压喷射、定向、丛式和水平等先进钻井工艺的需要。大中型钻机机、修井机不但实现自主制造,部分钻井设备批量出口到世界各地,并应用于美国页岩气开发。

(3) 页岩气产业链是一个高度集中的上中下游一体化的系统,页岩气产业链主要分为资源勘探、开采产气、储运输配、分销利用四个环节,如图 4-6 所示。与其他能源产业有所不同,产业链并不是上游能源开发、下游产品加工的清晰分工,页岩气产业链各个环节紧密相扣,呈现为一体化的集中系统。现阶段,我国西部地区页岩气产业链基本完善,并不断升级。

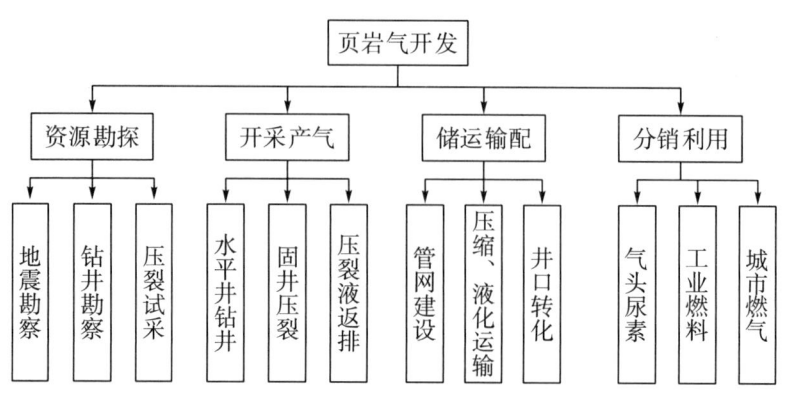

图 4-6 页岩气开发产业链

在页岩气产业链中,资源供应的保障是关键,通过勘探开发一体化的实施,勘探与开发结合成一个整体,降低勘探的盲目性,缩短建产周期,提升了天然气资源向产量转化的效率。基础设施建设是市场开拓和保障供应安全的最重要手段,通过输送储存一体化的实施,统筹管网和储气调峰设施的建设和运行,提升管网的安全水平和资源的调配能力,保障了气田平稳生产和用户稳定用气。合理有序开发和布局高效的天然气利用产业集群是促进天然气产业一体化发展的重要路径,通过销售与利用一体化实施,把天然气销售向利用端延伸,积极打造黄金终端,培育高端利用产业,增强了天然气的市场竞争力,稳固了市场份额,推动天然气利用价值的增值。技术创新支撑主要是针对天然气资源开发利用各环节所需技术而言的,包括天然气勘探开发技术、输送储存技术、市场销售技术等。通过天然气勘探开发技术创新,在地质勘探、工程技术、气藏工程、采气工程和地面工程(原料气集输与净化)技术等方面形成系统的特色技术体系,推动了四川盆地常规天然气和非常规天然气资源的勘探开发,提升了天然气供应能力;通过天然气输送储存技术创新,形成了管网运行调配、地下储气库建设、管道完整性管理、天然气计量等方面的特色技术,推动建成了蛛网式管网和储备体系,形成了高效快捷的天然气储运枢纽,提升了天然气管网运行保障能力;通过天然气市场销售技术创新,在天然气市场开发、市场营销、客户服务、终端利用等方面,形成了市场需求预测、市场风险评估、客户评价、气价承受力测算等一系列方法、策略和措施,推动提升了市场研判能力、市场优化能力和效益提升能力,促进了天然气资源最优化利用。

我国西部页岩气勘探开发主采区川渝地区,历经 10 余年评层选区、先导实验、示范区建设和工业化开采等 4 个阶段的探索实践,在页岩气勘探开发上取得了重大进展:建成了 $50\times10^8 m^3/a$ 的产能,掌握了页岩气有效开发的方法手段，落实了持续发展的资源基础，完成了体系建设，先后建立了四川长宁－威远和昭通国家级页岩气示范区，深层页岩气效益开发技术取得了重大突破，全面打造出页岩气资源效益增长极，完成了上游产业链勘探开发的探索实践。在中游管输方面，在四川盆地现有集输和燃气管道 4.2×10^4 km，综合输配能力超过 300×10^8 m³/a。气田区域及与其连接的"三横、三纵、三环、一库"的骨干管网系统，具备高低压分输、输配分离的功能，构成了页岩气上、中、下游业务一体化管理的物质基础。川渝地区天然气用气行业门类齐全，天然气的利用价值在川渝地区得到了淋漓尽致的发挥。用户中既有为城镇居民提供生活和商业服务供气的城市燃气公司，也有化工、建材、冶金、机械、电力等工业部门，形成了一条完整、系统的页岩气利用链，发展了一批以页岩气为原料或燃料的优势产业或支柱产业。

页岩气产业的发展与完善，推进了我国西部地区页岩气革命的历史进程，有效促进了我国西部地区清洁能源的进一步发展。

二、西部地区新能源技术发展存在的问题

（一）新能源产业技术范式的不成熟，存在技术创新的风险

新能源产业所面对的是一个极为不确定的环境，技术本身的成熟度、市场的接受能力以及政策环境的变化都会影响新兴技术的发展。因此，在新兴技术的发展过程中，企业必须处理好新核心能力的保持以及原有核心能力的淘汰两个问题，避免因时机选择不当或条件不成熟而导致企业遭受不必要的损失。

例如风能，随着单机风电机组大容量化趋势的出现，5MW 以上整机市场将成为未来企业竞争焦点。采取直驱永磁技术和双馈异步技术的整机在满足客户机组大容量需求的同时，势必会导致未来市场出现差异化与竞争态并存的市场需求。虽然双馈异步技术机组在现阶段占市场份额较大，但直驱永磁技术市场份额增速迅猛。太阳能、生物质能同样存在此类问题。

（二）新能源产业核心技术能力不足，创新水平有待提升

近年来，新能源产业有了较大程度的发展，技术水平有了很大幅度的提升。但是与国外新能源的技术创新程度与水平来看，仍然存在很大差距。以发展较好的光伏产业为例，中国已形成了完整的太阳能光伏产业链，并涌现出了很多知名企业。但是光伏产业不仅长期面临原料稀缺的问题，制造业的关键设

备对外依赖度也较高。我国页岩气产业的技术发展也非常迅速，但是与现阶段美国页岩气技术水平相比，还存在一定差异。美国最核心的水平井技术已进入以先进旋转导向系统为代表的二代技术时代。在新能源产业方面，我国不仅核心技术能力不足，创新水平有待提升，科技研发理念也应提升。

（三）产业发展缺乏系统性，过于依赖技术推动，忽视需求拉动型创新

新能源产业并没有完全和其他相关产业融合发展，达到相互促进的目的。如就新能源发电而言，不能与电网形成良好的生态系统。只有加强新能源产业与其他相关产业的融合，才能增加国内市场对于新能源产品的市场需求，并达到依靠本土化的市场需求拉动新能源技术创新的目的。能源系统的集成化和产业化将是新能源技术发展的主要趋势。新能源技术的发展必须从供给和需求两个方面来考虑，并注重系统性集成发展。

（四）以示范应用为主，缺乏大规模产业化应用经验

仅仅从技术的角度来看，新能源产业的发展是又一次的工业革命。但是，居高不下的成本又限制了新能源技术的市场化应用和产业化发展。与欧洲和美国市场相比，太阳能、风能、生物质能、燃料电池，这些新能源技术在国内的市场化应用还处在以示范应用为主的阶段，缺乏大规模产业化应用经验。

新能源产业的发展还存在一些生态问题，例如光伏产品、页岩气开发、燃料电池生产制造环节存在的环境污染等问题。即使在生物质能领域，也存在类似的生态问题。随着生物质能产业创新规模的扩大，各种环境和生态隐患日益凸显。首先，物质能产业的发展对作为其原料的谷物、油料和甘蔗等需求占用大量耕地，最终会毁掉森林、湿地及草原。其次，生物质能产业化过程会对周边区域产生一定程度的环境污染。生物质能产业创新已经或可能产生负面影响，生物质能源产业创新并未达到遏制环境恶化、气候变暖等减排的目标。

第三节　国外新能源产业技术创新经验借鉴

一、制定长远规划，注重全面部署

发达国家会针对新能源技术创新制定一系列扶持性政策，同时更加注重基于严格论证和社会利益相关者充分讨论形成的总体创新战略和长期行动计划。各省市政府在具体政策制定中更加重视能源领域长期发展战略的研究，注重对能源领域战略方向的把握，及早谋划、全面部署。这些战略规划或行动方案短则十年，长至四五十年，并不断根据宏观形势的发展进行修订。例如，欧盟制定的2020年能源新战略，提出五项能源战略长期重点优先发展目标，并推出2050年低碳经济与能源路线图，引导行动计划与实施方案。英国政府发布《年度能源报告》和《2050路径分析报告》，旨在谋划能源战略和引导投资，为政府决策制订计划和时间表。德国政府公布《能源概念2050》战略，概述进行可再生能源时代需要采取的步骤，确定了9大关键领域。日本修订《能源基本计划》，作为日本2030年前的能源政策方针，并积极制订"新的创新能源技术计划"，形成创新能源技术路线图。

二、加强产学研协同，促进成果转化

新能源技术的研发和突破具有高度的技术不确定性和市场不确定性，新能源产业链生态主体必须紧密合作，共同克服不确定性给技术创新带来的障碍。因此，发达国家特别注重促进企业、大学、公共科研机构和各类创新的合作研发，力促形成全社会通力合作的创新机制。例如，美国的"先进制造伙伴项目"下设的新能源项目针对促进企业之间以及企业与公共科研机构之间的合作研发和高新技术产业化。欧盟积极推进可持续能源、气候变化等新型知识与创新社区的建设，目的是集聚欧洲的创新力量，集中产学研攻关，解决关键能源技术突破面临的障碍和挑战。日本实施为期5年的"下一代高性能太阳能发电系统技术开发"国家项目，通过促进各类创新主体的合作加强新技术开发和产业化能力，同时积极借鉴美国的SBIR项目，促进中小企业在新能源技术领域

的投资和创新。

三、整合全球资源，形成共赢机制

由于新能源技术投资额较大，同时多项新能源核心技术或产业化能力分散在不同的国家，因此近年来越来越多的国家参与到多边的新能源技术合作创新框架下。例如，欧盟与美国成立了能源理事会，旨在加强有关战略性能源问题的跨大西洋对话机制，其中能源科技成为战略合作的主要内容。美国和日本不仅制订了清洁能源技术行动计划，还发起了智能能源社区倡议和美日清洁能源政策对话倡议。同时，发达国家和发展中国家之间国际研发合作力度也在不断增强。

第四节 西部地区新能源产业技术创新建议

有效的科技创新政策设计与措施建议不仅要遵循技术创新的一般规律，还应该依据创新主体特征和技术资源条件的变化进行动态调整和优化。随着我国西部地区新能源创新主体企业规模和技术能力的提升，科技创新政策思维需要及时调整。

一、坚持企业自主创新，掌握核心技术

技术创新应建立在本国技术自主创新的基础上，加强自主知识产权的保护，掌握核心技术，产业的发展才具有可持续性，技术创新才更具实用性、经济性。总体上，我国新能源技术创新能力薄弱，西部地区经济较为落后，技术创新水平与东部地区存在差异。从新能源阶段性技术创新与产业化发展情况看，新能源产业中大部分零部件可以国产化，但在主要核心技术方面依然要依赖于发达国家，自主创新能力不足。现有创新主要是单一的技术突破，关键核心领域实力不够强，必须加强技术自主创新能力。

新能源技术的自主创新重点是企业自身内部的研发。企业在一个时期内所掌握的核心技术甚至可以在一定时期内影响企业未来的发展方向。由此可见，某一领域的技术自主创新一旦成功，以此为基点，可以影响到一系列的创新发

展,完成一整条集合式的创新产品,并带动新型产业的蓬勃发展。在企业强有力的自主创新产品的带动下可以促进周边区域经济发展,企业也更易成为行业领军者。西部新能源企业的研发重点放在关键核心技术上,优先积累核心技术及生产经验,获得比国外同行业企业更多的竞争优势。作为能够自主创新的企业,在新型领域开疆拓土,其产品标准、技术规范等都将在之后成为引领行业发展的行业标准。

二、打造科技创新队伍,注重人才培养

创新其实就是在规则中打破规则,只有思维上的创新才会引领技术上的创新,而人就是创新思维的源泉。从这个角度说,人是最基本的微观层次下技术创新的主体,直接通过技术进行社会实践。与科学创新微观主体是科学家或学者不同,技术创新的微观最基本主体是工程师或技术工人。正是他们决定了技术创新的能力。因此人才在技术创新中显得尤为重要。在技术创新相关范畴,人才的意义不仅体现在企业创新队伍中,也体现在高等院校和科研院所的队伍中。因为人才素质和数量才是高校和科研院所的优势,脱离了高等院校和科研机构的参与,国家创新体系将无法形成。

受地域、经济、文化的影响,我国西部地区科技人才队伍整体水平低于我国发达地区。主要原因是拔尖人才较少,人才流失严重,人才分布不均匀,人才引进困难,科技人才管理欠缺。所以,要提高西部地区新能源产业科技人才队伍的建设就必须从选才、引才、育才、用才上有根本的转变。

关注高层次骨干人才的培养,可以有方向有梯度地引进和培养一批处于世界科技前沿、勇于创新的技术带头人,以及具有宏观战略思维、能够组织重大科技攻关项目的科技管理专家。加大对优秀青年人才的培养力度,培养年轻人的创新精神和实践能力,倡导相互协作、集体攻关的团队精神,建设专业技术人才梯队。加快完善高校和科研机构对科技人员发明创造的激励机制。同时也要通过各种优惠条件吸引国外能源技术人才来西部发展。建立西部科技人才的引进计划和海外高层次创新创业人才基地建设,力争将高技术人才留在西部。高等院校和技术类学校是新能源技术人才的摇篮,在这些学校直接设置新能源产业相关学科和专业是行之有效的办法。建设创新西部人才培养模式,建立企校联合培养人才的新机制,提前对在校学生进行新能源基础方向的引导,促进创新型、应用型和复合型人才的培养。

三、定位能源发展区域，加大技术投入

中国西部地区幅员辽阔，新能源种类众多，开发新能源所需的原料和资源充分。资源丰富，并不代表西部地区新能源技术可以全面推广，能源区域定位问题至关重要。应对所在区域新能源发展所处的阶段、环境、条件的特点做出恰当的判断，然后，根据当地新能源实际分布情况，恰当地选择有优势的新能源进行产业化协调发展，防止造成资源的浪费和重复性建设。

新能源区域技术创新就是要把握住区域的自然优势资源，在区域范围内针对重点技术进行R&D投入。R&D投入和新市场是能源技术创新活动开展和扩散的诱导因素。所以各地要抓住区位新能源优势来确定新能源产业的选择，通过控制R&D投入调整各类新能源在中国各地因地制宜有重点的支持，加速优化中国能源结构，促进能源可持续发展。

在加强研发能力的同时，加强产业部署，形成研发、工程化、商业化良性互动的局面。经济学意义上的完整的创新过程不仅包含新技术的突破，还包含新技术的工程化（将技术转化为产品）和商业化（将产品转化为商品）等创新环节。过去我国的新能源科技政策更多地关注研发过程本身，对于技术应用、推广和市场基础设施完善的关注不够或实施不力。未来新能源科技政策调整应当借鉴美日欧等国家和地区培育、发展新能源产业的经验，在政策目标上，不仅要针对企业的"R&D"（研究和开发）环节配置资源、提供支持，而且要针对新能源产业发展所涉及的"RDD&D"的Research（研究）、Development（开发）、Demonstration（示范）和Deployment（部署）的整个创新过程提供资源支持和服务支撑。在提高研发资源使用效率的基础上，通过实效性的示范工程建设缩短新能源技术和设备的小试、中试周期，降低新能源技术的产业化成本和风险。

四、加速产业升级优化，推进整体发展

由于新能源技术创新的商业化及扩散过程而使传统新能源技术得以突破性改进，使整个新能源产业实现整体的高效化。当然，新能源产业创新活动仍是以企业技术创新活动为基础和主体的，但它绝对不仅仅是在新能源产业中不同企业技术创新结果的简单叠加，而是新能源产业中多个企业技术创新结果的有机组合与扩散。

规模化是由微观向中观演化阶段的一个必要特征，需要借助技术创新才能实现产业发展。脱离技术创新的新能源产业虽然在单维度面上可以大规模扩张，但在深度上由于没有进展，导致产业升级困难。同时也不能将这种变化看作严格意义的新能源产业成长。反过来，新能源产业成长使得技术创新得以实现，并为新能源更好地发展提供了环境，促进了技术创新质量和速度的提升。规模化、产业化使技术创新的主体上升为中观层面的新能源产业。一方面，新能源产业升级要以技术创新作为基础条件。如果没有技术创新，新能源产业在规模上的扩张只能停留在平面上，难以引发产业升级，实际上也就不是真正意义上的新能源产业成长。

新能源产业成长不能仅仅只有量的扩张，更要有质的跨越。这样的改变才是新能源产业发展的内在实质。另外，技术创新之所以能够实现市场需求，是因为技术创新能够体现出新能源价值的最大化。但是其实践仍要首先建立在具有规模化和集群化的产业基础上。此外，技术创新与新能源产业发展过程表现出近似的速度。技术创新过程遵循其发展规律，同时受到各种因素共同作用。新能源技术创新的速度因新能源产业和技术本身的性质而定，二者在此属于互相作用。在一定条件下，技术创新可能呈现加速趋势，以新能源技术创新为支撑的新能源产业成长也会随技术创新的速度或快或慢。

五、引导技术创新方向，整体统筹协作

从宏观角度来看，在国家层次上，政府主要制定促进国家整体发展的政策和计划，引导技术创新方向，调控技术创新活动。在地方层次上，地方政府一方面贯彻国家的宏观指导政策；另一方面结合本地实际情况，制定和实施促进当地发展的计划和措施。从微观角度来看，政府对创新的作用主要体现在对企业的间接管理、对企业的直接管理、通过非官方的中间组织对企业进行管理、提供基础设施和公共服务几个方面。

产学研合作能够保证并促进企业成为技术创新的主体。技术创新的主体是企业，企业是技术创新的组织承担者、物质承担者和运行者。产学研合作是企业作为技术创新主体完成技术创新过程的最佳模式。企业要成为技术创新主体，需要在市场需求与技术发展的结合中实现，也就是企业要在产学研合作的互相促进的模式中成为主体。产学研合作模式也可以实现新能源产业、高等院校、科研机构的资源优化配置。产学研合作是当今世界各国科技与经济结合发展的一种成功范式。用新能源技术改造甚至代替传统能源技术，增强企业的核

心竞争力，已经成为技术创新的重要途径。产学研合作的基本目的是实现技术创新成果的商业化和产业化，这种合作可以同时满足合作的各方互相需要，各自掌握着生产要素，各自都能为合作提供相应的优势资源。

第五章　支撑与调整：西部地区新能源产业发展财税政策研究

随着西部地区的经济发展与能源革命进程的加速，发展新能源已经成为西部地区关注的焦点。然而，新能源产品技术成熟度低，成本高于传统能源，为促进新能源产业发展，势必需要政府加大扶持力度。政府应增加对新能源的财政支出，减少新能源企业的税收收入或提供相关的优惠政策，以此刺激新能源供需发展，调整能源产业结构与规模；同时，借助发展激励机制，扶持清洁能源科技更好地走向商业化，加强经济竞争力，强化产品知名度。在新能源产业发展阶段，财政政策的帮助和扶持对于新能源的进步也具有重大意义。相对于美国、德国、日本等发达国家的新能源发展而言，我国新能源产业发展较晚，西部地区受经济发展水平影响处于较为落后阶段。虽然近年来，我国政府及相关部门在财政补贴、税收优惠方面都提出了相关的激励政策机制，但是现行的财税政策还存在较多问题，有待进一步调整与完善。本章从税收政策、财政补贴方面提出促进产业发展的相关政策措施。

第一节　财税政策助推西部地区新能源产业发展

政府从财政、税收方面采取激励机制，有效推动新能源技术开发，使其更好地走向商业化，提高市场渗透力，增加产品知名度。在新能源技术成长的初级阶段，政府的财税政策与金融助推是新能源市场发展的关键因素。如图5-1所示，国家是新能源产业发展的引导者，根据不同地区的资源特点和技术发展优势为各级政府部门制定战略目标和规划，充分发挥市场机制在资源配置中的基础性作用，通过科学的政策设计建立强制性市场制度，要求社会企业的广泛参与。各级政府与相关企业依托金融部门、服务机构对新能源企业提供技术服务与金融支持。

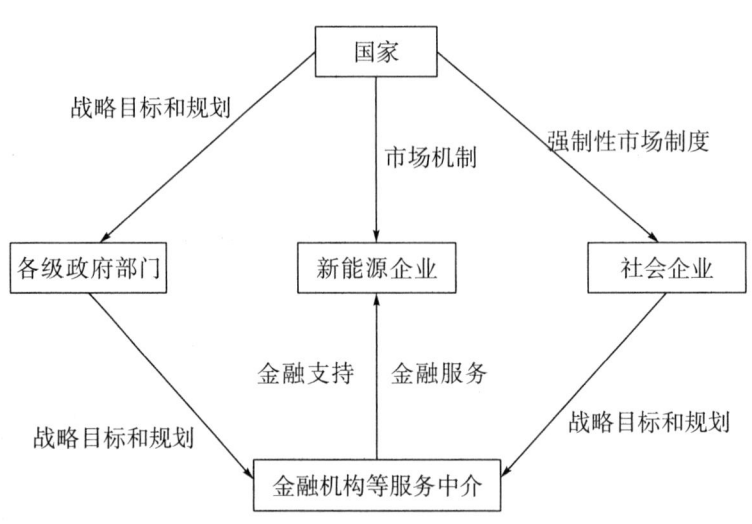

图 5-1 新能源发展战略中政府的地位和作用

一、财税政策是促进新能源企业科技创新的重要手段

技术创新是新能源开发利用的重要条件。与传统能源不同,新能源的开发利用技术大多属于高新技术,需要投入大量的资金与精力进行研发,并且存在较大市场风险和较多不确定因素,开发成本较高。因此,要推动新能源的发展就需要政府在新能源技术的研发和推广阶段给予财政支持、税收优惠。

第一,在新能源技术的研发阶段,需要政府予以财政鼓励。新能源研发中的前期基础性技术成果具有非竞争性和非排他性两个基本特征。这就导致其他投资主体不用承担研发费用成本,直接无偿享用创新成果,不需要增加额外成本的支出。对于研发主体而言,在新能源基础技术研发过程中,边际效用是逐步递减的,为此,边际效用曲线会向下倾斜。由于高新技术研发具有外溢性特征,导致了社会边际收入远远大于企业的边际收入(如图 5-2)。也就是说新能源技术研发企业所创造的财富大部分会被社会共享,而自身享受到的利益较小,产生挤出效应,由此,会导致研发动力不足,出现相互依赖的搭便车现场,从而出现"市场失灵"。所以,各级政府有必要通过一定的财政政策来弥补"市场失灵"的情况。

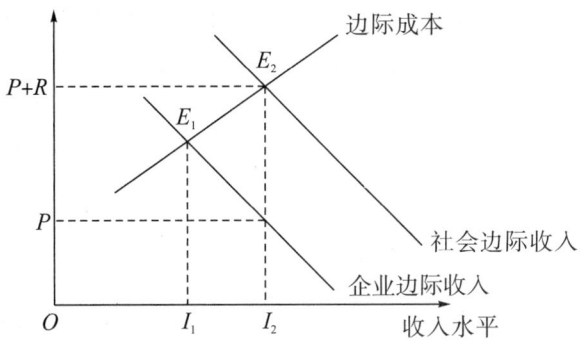

图 5-2 政府投入与产出关系图

第二，在新能源技术的推广阶段，需要政府予以干预支持。新能源技术的科技成果转化和应用过程是新能源利用的重要环节，资金需求量更大。在应用的初期阶段，产品经济效益较差或经济效益为零，导致企业现金流不足，资金缺乏。因此，政府需要通过财政补贴和财政贴息给予干预支持。

第三，税收优惠政策在鼓励新能源技术创新方面也发挥着举足轻重的作用。通过政府财政手段满足高新技术创新所需要资金的方式会受到一定制约，而通过制定一系列配套的税收优惠政策，例如税收减免，可以大大缓解研发主体资金紧张的问题。

第四，各级政府在进行财政补贴和税收优惠的基础上，还可制定相应的政策鼓励民间资本进入新能源行业中，参与新能源投融资活动，对金融资金进行合理配置。各商业银行可加大对新能源产业发展的支持力度，增加信贷资金，设立新能源投资基金，建立区域新型金融机构和创新金融产品，进一步构建新能源产业发展的金融支持体系，为新能源产品、产业技术、人力资源的供给和产业结构的升级打下坚实基础。通过多元化的资金渠道，金融与科技的有效对接，助推新能源产业的快速发展。

总之，无论是在新能源技术的基础研究阶段还是推广应用阶段，新能源发展的高投入、高风险性，都要求政府在促进新能源利用过程中给予强有力的财税政策支持。

二、财税政策是调整能源结构、控制传统能源开发的最佳手段

随着传统能源逐渐枯竭和环境气候日益恶化，新能源作为未来主要能源，一方面可以成为传统能源的补充，另一方面可以有效降低环境污染。新能源带

给社会的福利远远大于带给企业的福利,对环境具有正外部性。传统能源开发利用对生态环境已经造成了很大的破坏,对环境具有负外部性。由于新能源行业在开发利用初期受到技术、成本等各方面的制约,通过完全市场竞争的方式难以推广利用,达到资源最优配置,实现帕累托最优状态,要解决这种外部性引起的市场失灵现象,就需要政府制定合理的经济政策进行解决。

一方面,政府通过采用税收方式引导和规范市场主体的经济行为,矫正经济活动中企业和个人的不规范行为,支持新能源的发展,降低传统能源比重,调整能源结构,以实现社会效益最大化。例如对传统能源生产和消费企业进行绿色会计核算,强制性征收燃油税、碳税等新的环境方面税种,将环境成本计入能源总成本中,从而提高化石能源的消费价格,一定程度上降低化石能源产品的经济效益,限制其生产和消费。这种方式不仅减少了化石能源的比重,节约利用了资源,减少了环境污染,还能够为新能源发展提供一定的资金来源,鼓励清洁能源的利用开发,逐步实现资源的集约化利用。

另一方面,各级政府对从事新能源开发的生产者,根据其清洁能源设备产品及产量,给予适当生产补贴。生产补贴可以降低清洁能源企业的生产成本,增加设备产量,提高企业经济效益。

三、税收政策是激励投资与促进消费的有效手段

从投资回报的角度来看,税收与企业利润之间呈反比关系。企业税负越大,利润越低,投资的积极性越小。通过改变税收政策可以合理有效地改变投资支出的时间和水平。同时,税收政策与投资结构之间有密切的关系,例如,所得税税率的降低,一方面可以减少债务融资的税收收益,降低企业的资产负债率;另一方面,应纳税额度的减少,降低了一部分应缴税款,减少了开发的成本,投资人对新能源产业的投资积极性将会增加。

从能源消费量来看,税收与新能源的消费量呈反比关系。现阶段,与新能源产品关系最大的间接税是增值税。增值税与新能源的价格密切相关,而价格因素是消费者在购买能源过程中关注的重点。税收优惠政策的实施,可以降低新能源价格,提高消费者的购买积极性,消费需求量和生产量都会逐渐增加。所以,税收政策会引起新能源产品的市场供需变化。

第二节 新能源产业税收政策

税收激励政策是国家促进新能源产业发展的重要措施。政府采用税收激励政策的目的是通过减税或者免税的方式，激发投资者的投资积极性，提高投资收益。一般而言，在投资初期，由于投入固定资产成本较大导致进项税额大于销项税额，税收减免收益较小，但投资运营获得利润后，享受税收减免收益就较为明显。政府应通过税收激励政策降低企业投资成本，从而影响企业决策，鼓励企业投资，推动新能源产业的发展。西部地区新能源产业发展的税收政策主要遵循国家税收政策要求。

一、现有新能源的税收政策

（一）风能

风能产业的税收政策主要有增值税减免、关税减免、进口环节增值税减免、所得税减免、研发费用加计扣除等几个方面。其中，只有风力发电销售增值税即征即退政策是专项针对风能领域的，其他政策既有所有行业普适的高新技术企业税收优惠，也有面向公共基础设施领域的所得税优惠、资源综合利用领域的增值税优惠、加快振兴装备制造业的进口关税优惠。

2001年开始，我国政府对风能发电按照17%的税率进行增值税征收。但在实际中，风电税负仍然比火电高，主要是因为火电虽然不享受增值税税率的优惠，但可以享受燃煤类的进项增值税抵扣，因此火电总的税负较低。

为鼓励国内风电制造业，在2008年4月，财政部专门就制定税收优惠政策，对进口制造达到一定功率标准（额定功率≤2.5兆瓦）的风电机机组所需部件和原材料征收的增值说和关税先征后退，用于企业产品研发和创新。

所得税优惠包括了税率减免、先征后返等形式。从2008年起，企业建设经营属于国家规定目录中的重要公共基础设施的所得可以享受所得税优惠。

关税是指一国海关向该国进出口商品征收的税种。我国政府给予风能产业的关税优惠政策主要是从2008年开始对进口制造达到一定功率标准的风电机机组所需部件和原材料的关税先征后退。

我国西部地区相关政府为了鼓励风能产业的发展,在一定的权限范围内制定了相关政策,给予扶持。例如西部地区地方政府对本地区内设立的合资企业、外资企业等给予所得税税收优惠。

目前针对风能产业的主要税收优惠项目如表5-1所示。

表5-1 风能产业主要税收优惠政策

税种	年份	相关内容
增值税	2001	对于风力生产电力,增值税税率为规定水平的一半。
	2008	风力电力增值税,即征即退50%。
	2008	国内企业为开发2.5兆瓦以下的风电机组,进口的关键零部件和原材料可享受进口增值税先征后退政策。
所得税	2008	2008年以后建立的公共基础设施项目,在第一至三年内企业所得税实行免征,第四至六年所得税减半。
	2011	截至2020年,西部地区的鼓励类企业所得税税率按15%实施。
		国家重点扶持的高新企业所得税为15%。
关税	2007	制造规定功率以上的风电机组,国内企业进口的关键零部件和原材料都可以享受进口关税先征后退、进口环节增值税先征后退的政策。进口一定功率以上风电机组配套零部件和原材料,可以享受关税免征,并免除进口环节增值税。
	2008	用于制造大功率风电机组的国内企业进口的关键零部件和原材料,都可以享受进口关税实行先征后退,2.5兆瓦以下除外。
西部地区特殊优惠政策	2013	新疆地区自2013年度至2015年度免征企业所得税,2016年度至2018年度减半征收企业所得税。
	2014	西藏地区投资风能等绿色新能源建设并经营的,自项目取得第一笔生产经营收入所属纳税年度起,免征企业所得税7年。
	2013	内蒙古自2013年至2015年按照100%减征企业所得税。

来源:根据公开资料整理。

(二)太阳能

税收政策作为太阳能产业政策的重要组成部分对社会消费、交换影响极大,同时对分配与生产也起到了重要的作用。税收政策既是工具,能进行宏观调控,又是指引国家经济发展的风向标,以税赋水平为杠杆来撬动产业结构的转型。与风能产业税收政策几乎相同,太阳能税收优惠也主要包括关税、进口环节增值税、电力销售增值税、所得税优惠。

增值税作为我国目前最普遍的税种,是各种商品和服务在流通与生产环节普遍征收的税种,因此,增值税方面的优惠减免政策对于太阳能产业的发展具有深远意义。财政部于2013年9月发布的《关于光伏发电增值税政策的通知》中规定自2013年10月1日起对纳税人销售自产的利用太阳能生产的电力产品,实行增值税即征即退50%的政策。

在所得税方面,针对太阳能产业的税收优惠政策较为匮乏。唯一涉及该产业所得税的政策为2010年国家发改委发布的《当前国家鼓励发展的环保产业设备产品目录》中的税收减免政策。在该政策中,将光伏企业视为高新技术企业,不仅对其前期的投资、研发给予一定的补贴,同时给予光伏企业15%所得税优惠。

随着我国太阳能产业在全球光伏市场上的分量越来越重,政府在进出口税收方面对该产业给予了一定的倾斜,免征出口税。

目前针对太阳能产业的主要税收优惠项目如表5-2所示。

表5-2 太阳能产业主要税收优惠政策

税种	年份	相关内容
增值税	2013	对纳税人"销售自产的利用太阳能生产的电力产品,实行增值税即征即退50%"的政策。
企业所得税	2009	企业从事规定的符合条件的环境保护、节能节水项目的所得,自项目取得第一笔生产经营收入所属纳税年度起,第一年至第三年免征企业所得税,第四年至第六年减半征收企业所得税。
出口退税	2013	太阳能电池、太阳能热水器出口享受17%的退税,硅片(单晶硅除外)为13%。

来源:根据公开资料整理。

(三)生物质能

生物质能产业的税收政策覆盖面广,种类较多。在税种中包含增值税、所得税及消费税三大类,扶持对象则涵盖了垃圾发电、生物柴油、沼气、燃料乙醇等多种形式。生物质能产业主要税收优惠政策如表5-3所示。

表 5-3 生物质能产业主要税收优惠政策

税种	年份	范围	相关内容
增值税	2015	垃圾发电和生产热能	垃圾发电增值税即征即退的政策。垃圾用量比重不低于80%。垃圾包括城市生活垃圾、农作物秸秆、树皮废渣、污泥、医疗垃圾。
	2015	废油生物柴油	生物柴油增值税先征后退政策。以废弃的动物油和植物油为原料生产的柴油,用量占生产原料的比重不低于70%。
	2008	沼气	纳税人销售或者进口沼气的增值税率为13%。
	2012	生物质能原料收购和回收利用	增值税一般纳税人购进农业生产者销售的免税农产品的进项税额按规定方法抵扣。
	2014	燃料乙醇	非粮作物为原料生产的燃料乙醇,实行增值税先征后退。
所得税	2008	符合资源综合利用企业要求的可再生能源项目	在计算应纳税所得额时,按90%计入当年税收总额。
	2008	可再生能源技术研发的高新技术企业	按15%的税率征收企业所得税;研究开发费用的150%加计扣除;形成无形资产的,按照无形资产成本的150%摊销。
	2008	生物质能原料收购和回收利用	企业产品原料70%以上来自农作物秸秆及壳皮,从事生物质能生产所取得的收入,减按90%计入收入总额。
消费税	2014	燃料乙醇	非粮作物为原料生产的燃料乙醇,实行增值税先征后退和消费税免税。
	2006	生物柴油	对以动植物油为原料,经提纯、精炼、合成等工艺生产的生物柴油,排除在消费税征税范围之外。

来源:根据公开资料整理。

(四)新能源汽车

为引导和刺激新能源汽车行业的稳步发展,各级政府部门逐步制定并且实行了一系列的税收优惠政策措施,加快该行业的工业化和市场化发展。其主要涉及了产销、购买和使用三个环节。产销环节的税收优惠政策主要涉及增值税、消费税和企业所得税。购置环节,主要涉及的税种是车辆购置税,按照汽车不含税售价的10%征收,一般通过税负转嫁的方式转移到消费者身上,税负包含在汽车的价格中。使用环节,主要涉及的税种有车船税和燃油税。新能源汽车产业主要税收优惠政策如表5-4所示。

表5-4 新能源汽车产业主要税收优惠政策

税种	年份	相关内容
车辆购置税	2015	购置《免征车辆购置税的新能源汽车车型目录》中列明的新能源汽车免征车辆购置税。
车船税	2015	对使用新能源车船免征车船税。
增值税	2013	购买新能源汽车有财政补贴,消费者按销售价格扣减补贴后支付。如果消费者是企业单位,应要求销售方按销售价格开具进项税额抵扣凭证。
企业所得税	2015	如果经认定取得高新技术企业资格,就能享受企业所得税低税率优惠,按15%税率计缴企业所得税。
消费税	2006	凡是《消费税税目税率表》列明的新能源汽车均要征收消费税,《消费税税目税率表》未列明的新能源汽车不征消费税,例如电动汽车不属于消费税征收范围。

来源:根据公开资料整理。

(五)页岩气

2011年底,国土资源部将页岩气划分为独立矿种进行投资管理。现阶段,我国政府制定的页岩气产业发展税收优惠政策仅体现在通知性文件中,详细的税费政策还未制定,没有形成系统的页岩气产业税收优惠政策体系。其主要参照天然气企业的税收标准对开发利用页岩气的企业进行征税,涉及增值税、企业所得税、资源税等主要税种。具体税收优惠政策如表5-5所示。

表5-5 页岩气产业主要税收优惠政策

税种	年份	相关内容
增值税	2013	以销售额为计税依据,向开发企业按13%税率征收增值税。 油气田生产性劳务,按17%征税。
关税	2013	进口国内不能生产的用于页岩气勘探开发等鼓励类项目的自用设备(包括随设备进口的技术)免征关税。
资源税	2014	按销售额的6%征收资源税。
所得税	2007	按应纳税所得额的25%纳税。

来源:根据公开资料整理。

二、现行税收政策存在的问题

（一）缺乏专门针对新能源产业完整的税收政策体系

我国尚未制定专门针对新能源的独立税种，与新能源产业相关的税收政策大多散见于法规和文件中，并没有形成一套完整的税收政策体系。这些税收优惠政策大多是具有普适性的。例如，企业所得税的优惠政策是高新技术企业、基础设施项目、技术转让项目、安全生产项目、环保节能项目等，并不是专门针对新能源产业的。新能源企业只有具备普适性优惠政策条件时，才能享受税收优惠。因此，由于新能源行业经营特殊性，有部分税收优惠政策不能享受。例如企业所得税中的"三免三减半"政策，新能源企业在经营初期一般不盈利或者盈利很少，因而这项优惠政策企业很难享受到或从中获益较少。

从具体税收优惠政策的完整性来看，税收优惠主要集中于中游产业，上、下游产业的税收政策相对较少，并没有针对新能源各个生产环节制定与阶段特点相匹配的税收优惠政策。税收优惠只集中于几个税种上，并未贯穿于新能源从生产、流通到消费的各个环节，造成新能源产业链条上不同经济体税负有所不同。同时，目前的税收政策主要针对风能、太阳能、电动汽车产业，对核能、生物质能、页岩气产业的税收优惠政策相对较少。由此，造成了新能源产业发展过程中的产业结构不协调等问题，不利于新能源产业的整体推动发展。

（二）对新能源产业发展的激励力度不强

税收优惠力度小，对新能源产业发展激励不强。首先，现行的税收优惠约束条件较多，主要是企业所得税、增值税、关税的减免等，税收优惠期限较短。例如增值税，尽管采取即征即退、减半征收（即征即退50%）以及先征后返等措施，但这些政策约束条件较多，仅适用于以垃圾为燃料生产的电力或者热力、利用风力生产的电力、规定的核电机组以及大功率风电发电机（组）及其配套部件部分、原材料等。其次，税收优惠期限变动性大，具有不稳定性，不利于新能源产业的发展。例如2010年文件规定对风力发电机（组）及其配套部件等3类装备的企业给予免征关税和进口环节增值税政策。但2012年3月又规定，在2011年已获得的免税资格有效期仅到2012年底，若要享受2012年4月1日至12月31日期间重大技术装备进口环节税收优惠政策，则需重新申请免税资格。再次，部分优惠后的税率依然过高。对于已经享受优惠的新能源项目，税率还是偏高，例如风力发电优惠后税率依然高达 8.5%。页岩气开发中的资源税虽然进行了减免，但是力度较小，依然不能缓解页岩气开发中的高成本压力。

（三）新能源产业税收优惠方式单一

目前，我国对新能源产业的税收优惠政策主要采取减免方式，总体上税收优惠措施比较单调，灵活性较差。而税收优惠的其他重要措施，如加速折旧、再投资退税等方式较少使用。

（四）缺乏限制性税收政策

税收优惠政策能够直接促进新能源的开发利用，反之，对传统能源实施限制性征税也能间接地体现对新能源的支持。从我国当前税收政策设置来看，还相对缺乏类似的政策。当前，与传统能源利用直接相关的税种主要有资源税和消费税，但两者并不是为发展新能源而单独开设的税种，且目前的税率税目设计存在明显不足，难以起到减少传统能源消费的效果。资源税的征收初衷是调节自然资源的极差收入，仅体现了国有资源在开采上的有偿性，并非出于抑制传统资源使用和保护环境的目的。虽然在税目上包括了煤、石油和天然气三种典型传统能源，但税率的制定却与资源的污染程度无关，不能如实反映资源消耗带来的社会成本，对传统能源消费的限制作用也十分有限。在消费税税制设计中，与能源和环境相关的税目较少，只有成品油和小汽车两个。多次提价后的成品油定额税率仍比较低，税负对能源消费行为的影响较小。由于小汽车的便捷性和新能源汽车续航能力上的缺陷，对一些大排量汽车征收高达 25% 或 40% 的税负也不能有效减少其消费。

三、发达国家促进新能源产业发展的税收政策

（一）美国扶持新能源产业发展的税收政策

美国是世界上较早发展新能源产业的国家，也是采用税收优惠政策进行新能源产业发展激励的国家。目前，美国拥有一套完善的新能源产业法律体系。美国对新能源产业的税收激励政策贯穿了上、中、下游三个环节。不仅注重对技术研发、投资和生产的激励，对扩大新能源产品的市场应用也非常重视。美国税收政策的激励手段是多样化的，不仅有税收减免、税收抵扣、生产税抵免

等直接减免的税收政策,也有税前费用扣除和加速折旧等减小税额的税收政策;不仅有对新能源产业直接激励的税收政策,也有对传统能源、燃料征税等间接激励的税收政策。同时,美国还通过多个税种对新能源产业发展进行激励,例如个人所得税、生产税、财产税、消费税等。另外,美国的税收激励政策拥有完善的法律体系,这使得税收激励政策拥有强制性和权威性,保证税收政策的顺利实施。

(二) 日本扶持新能源产业发展的税收政策

日本的传统能源较为匮乏,煤炭、天然气等主要依赖进口。为缓解能源不足,保障能源的需求,日本 20 世纪 90 年代就已经开始发展新能源,1993 年提出"新阳光计划"进行新能源开发。为推进新能源发展,日本政府出台了减税、财政补贴、政府采购等财税政策。日本对新能源产业的税收优惠政策不仅仅对开发、生产企业,而且对消费者也有减税政策,以刺激消费者购买新能源产品。例如,日本实施了"绿色税制",对购买新能源汽车的免征车辆购置税和重量税。在促进新能源加快发展方面,日本对新能源企业的固定资产税和所得税实行优惠的税率,同时采取投资抵免和加速折旧的措施,减小企业的税收成本,鼓励企业投资开发新能源。

(三) 英国扶持新能源产业发展的税收政策

英国政府在 2000 年开始对非民用的能源提供商征收能源税,为鼓励工业、商业、公共部门等使用新能源,对生物能源、清洁能源或可再生能源采取税收减免措施。自 2001 年起英国开始征收气候变化税,征税对象为向商业与公共部门出售电力、煤炭、天然气、液化石油气等能源的企业,而销售可再生能源以及商业性风能项目的企业则可免征。

(四) 德国扶持新能源产业发展的税收政策

德国对新能源产业发展的税收优惠政策主要体现为对传统能源征税,而对新能源采取减免税的措施。德国曾连续 5 次进行生态税改革,就能源所涉及的税收而言,德国开征的有能源税、电力税和机动汽车税、矿物油税等,但对新能源实行减税甚至免税政策,比如,对使用风能、太阳能等可再生能源发电免征生态税。

四、扶持新能源产业发展的税收政策建议

(一)明确并扩大新能源产业的税收优惠范围

首先,确定新能源产业税收优惠政策的适用对象,清晰地界定优惠范围,明确哪些新能源产品及新能源项目能够享受到税收优惠政策。目前,我国已经逐步开始进行相关工作,准备出台"新能源规划"对新能源相关问题进行详细说明。政府在制定税收政策时,应当采取有区别性的税收优惠政策,将税收政策重点倾向的新能源产品予以明确;同时,扩大新能源产业的税收优惠范围,覆盖产业链上、中、下游各阶段,从而真正发挥税收优惠政策的积极作用。

(二)进一步丰富新能源产业的税收优惠形式

税收优惠方式有很多,特点不同,对新能源产业的效用程度也有不同。新能源产业中包括多种种类的产业,各产业具备不同特征,发展的侧重点也各不相同,为此,税收优惠政策应该根据各产业发展特点进行制定,真正发挥税收政策的优惠和作用。例如,新能源汽车产业的税收优惠政策,可以根据汽车行业所征税种的特点进行合理安排,减免车船使用税和车辆购置税,降低消费税税费,对购买新能源汽车的企业和个人给予一定程度的税收返还,通过这样的形式来提高消费者购置新能源汽车的兴趣。另外,应当对技术研发型企业在税收优惠政策上有所侧重。例如,对企业研发支出实行加计扣除。对新能源企业除了设备抵扣以外,也可以对无形资产进行适当抵扣。税收优惠方式的多样化和合理利用可以增强税收优惠方式的实施效果,促进新能源产业的进一步发展。

(三)进一步加强立法,形成完善的新能源税收体系

现阶段,我国对于新能源产业的税收优惠政策分散于各个部门规章文件中。很多规定只有总体原则,并没有详细的落实措施。虽然国家决定对新能源项目给予各种税收优惠,且具有一定的灵活性,但是不可避免地会导致后续出台的一些政策效力比较低。为改善这种情况,需要建立完善的能源税收体系,发挥税收优惠政策在新能源产业发展过程中的指导作用。新能源在能源未来可持续发展过程中具有十分重要的位置。因此,我国有必要从法律视角建立一套综合性能源法,以此保障新能源税收体系的有效实施与效用的提升。

（四）进一步健全限制性的税收政策

目前，对新能源产业发展起到促进作用的只有正向的税收优惠政策，而反向的限制政策是非常少的。反向的限制政策不仅能够起到间接激励新能源产业发展的效果，还能进一步起到引导消费者消费的效果，进一步促进生态环境的改善。

可以采用设置生态环境税、能源税等税收政策来抑制传统化石能源的使用。生态环境税是国际上广泛认可和实施的政策手段，它将治理环境污染和破坏生态的额外成本内部化，增加企业的生产成本和市场价格，促使企业更新技术或缩小生产规模，以此减少生产过程中污染物的排放。

（五）进一步契合新能源产业的未来发展目标

税收优惠政策的制定，不能生搬硬套国外的先进经验，一定要遵循我国新能源产业发展的客观规律，立足我国国情，充分考虑国际因素，确保制定的税收优惠政策符合现实需求，也符合国际趋势。同时，在制定税收优惠政策时，不仅要考虑当前利益，还要考虑长远利益，设立税收优惠政策的短期目标与长期目标。短期目标是扩大新能源产业的市场认可度，让更多的资本能够进入该市场。长期目标是用政府政策促进新能源产业市场的完善，最终形成新的市场机制。

第三节　西部地区新能源产业发展的财政补贴

税收优惠是一种税式支出，虽具有无偿性，会增加享受税收优惠的实际收入，但是由于同一纳税人可能缴纳两种或者两种以上的税收，导致纳税人享受的税收优惠额与实际收入增加额不对等。同时，税收优惠政策在企业发展初期激励效果不明显。与税收优惠相比，财政补贴更有利于直接激励新能源产业发展。财政补贴是政府无偿性转移支出，直接增加被补贴者的实际收入，被补贴者的收入增加额等于财政补贴额。近年来，为了实现新能源发展的战略规划与目标，国家及西部各省市均制定了不同程度的财政补贴政策，激励地区新能源产业的发展，改善能源消费结构、提高能源安全。财政补贴主要针对新能源企业的技术研发及生产进行补贴。目前，补贴政策还存在分散性、时滞性和短视性等问题,部分措施尚未对西部地区新能源产业发展产生应有的支持效应,一定程度阻碍了新能源产业的发展,因此,需要对新能源补贴政策进行深入的探索,建立完善的财政补贴体系。

一、西部地区新能源财政补贴政策

(一) 风能

目前,风能产业享受到的政府财政补贴涉及种类较多,除专门针对风电产业的补贴以外,还可以享受到高新技术企业等相关补贴,主要包括研发投入和示范补贴、电价优惠与上网补贴(对可再生能源技术研发提供资助)、投资补贴(鼓励国内厂商进入风电设备制造领域)和贴息贷款、设立专项基金等。除国家制定的财政补贴政策以外,西部地区风能资源较丰富的各省(自治区)也制定了相关政策,如表5-6、5-7所示。

表5-6 我国风能产业主要财政补贴政策

税种	年份	相关内容
财政补发	2001	通过"863""973"计划等资助可再生能源的研究开发和发展。
	2015	国家战略新兴产业投资补贴。
上网补贴	2012	可再生能源电价附加补助资金,提供风电项目上网电量补贴。
	2015	可再生能源发电项目以"还本付息+合理利润"作为还款定价原则,电价高出电网平均价的部分由电网分摊。
投资补贴	2008	对于符合条件的风电企业,按600元/kW标准对规定数量内的风电机组予以补助。
		中央政府提供资金用于研究开发工作,建设示范试点项目;地方政府提供资金用于支持可再生能源研究,以及风电技术等推广应用。
贴息贷款	1987	提供农村能源专项贴息贷款,用于风电技术的推广应用以及太阳能、大中型沼气工程等其他项目。
	2015	基本建设贷款支持的可再生能源发电项目享受2%财政贴息。
专项基金	2008	设立专项基金用于扶持风能等可再生能源的开发利用。

来源:根据公开资料整理。

表 5－7　西部地区风能产业主要财政补贴政策

省（区）	年份	相关内容
四川	2019	四川省为陆上风电Ⅳ类资源区，2019 年Ⅳ类资源区符合规划、纳入财政补贴年度规模管理的新核准陆上风电指导价调整为每千瓦时 0.52 元（含税、下同），2020 年指导价调整为每千瓦时 0.47 元。
云南	2018	全省陆上风电标杆上网电价为：2018 年 1 月 1 日以后核准并纳入财政补贴年度规模管理的陆上风电项目按每千瓦时 0.45 元（含税）执行。
甘肃	2017	Ⅱ类风资源区，上网电价按标杆价每千瓦时 0.54 元（含税）执行；Ⅲ类风资源区，上网电价按标杆价每千瓦时 0.58 元（含税）执行。
内蒙古	2018	按照上网电价（含通过招标等竞争方式确定的上网电价）给予补贴的风能发电项目：补贴标准＝（电网企业收购价格－燃煤标杆上网电价）/（1＋适用增值税率）。按照定额补贴的风能发电项目：补贴标准＝定额补贴标准/（1＋适用增值税率）。

来源：根据公开资料整理。

（二）太阳能

按补贴对象，我国主要针对未通电边远地区离网发电和大型太阳能光伏发电项目及示范性光伏项目进行财政补贴。对边远地区离网光伏项目的补贴主要通过项目补贴、用户补贴和建设援助的形式展开，资金分别来自中央财政资金、地方财政资金。由于我国关于光伏产业的政策文件出台较为频繁，支持力度较大，西部地区各省（区）也根据各省情况出台了各种辅助优惠政策推动当地光伏产业的发展。我国太阳能财政补贴政策与西部地区太阳能相关财政政策如表 5－8、5－9 所示。

表 5－8　我国太阳能产业主要财政补贴政策

确定方式	执行时间	规模/适用范围	上网电价补贴
全国统一	2011.7—2013.8	2011 年 7 月 1 日以前核准建设，2011 年 12 月 31 日建成投产的光伏发电项目	1.15 元/千瓦时（含税），1 元/千瓦时（含税）

续表

确定方式	执行时间	规模/适用范围	上网电价补贴
分区上网电价、度电补贴	2013.9起，20年	2013年9月1日后备案（核准）或2014年1月1日后投运的光伏发电项目	光伏电站：0.9元/千瓦时，0.95元/千瓦时、1元/千瓦时（含税）；分布式光伏执行0.42元/千瓦时（含税）
	2016	2016年1月1日以后备案并纳入年度规模管理的光伏发电项目，已备案且纳入规模管理的2016年6月30日以前仍未全部投运的光伏电站项目	光伏电站：0.8元/千瓦时，0.88元/千瓦时、0.98元/千瓦时（含税）；分布式光伏执行0.42元/千瓦时（含税）；分布式"全额上网"按照当地上网标杆电价；"自发自用，余电上网"执行0.42元/千瓦时（含税）。
	2017	2017年1月1日之后投运的光伏发电项目	2017年1月1日之后投运的光伏电站，一类、二类、三类资源区标杆电价分别降低为每千瓦时0.65元、0.75元和0.85元；对"自发自用、余电上网"模式，全电量补贴标准降低为每千瓦时0.42元。
	2018	2018年1月1日之后投运的光伏发电项目	2018年1月1日之后投运的光伏电站，一类、二类、三类资源区标杆电价分别降低为每千瓦时0.55元、0.65元和0.75元；对"自发自用、余电上网"模式，全电量补贴标准降低为每千瓦时0.37元。

来源：根据公开资料整理。

表5－9　西部地区太阳能产业主要财政补贴政策

地区	年份	相关内容
广西	2018	家庭户装补贴4元/瓦，公共设施补贴3元/瓦，对示范工程项目不限制建设规模，但对补助支持规模设置上限，家庭户装规模3千瓦，公共设施总规模600千瓦。
内蒙古	2018	陆上风电、光伏发电上网标杆电价随发展规模逐步降低的价格政策。呼和浩特市陆上风电标杆上网电价2016年到2017年为每千瓦时0.47元（含税），2018年为每千瓦时0.44元（含税）。

续表

地区	年份	相关内容
陕西	2018	对2018年1月1日至2020年12月31日期间并网的分布式发电项目，给予0.25元/度补贴，补贴执行期限5年。 对装机规模超过1兆瓦且建成并网的屋顶光伏电站项目，给予10万元/兆瓦一次性奖励，单个项目、同一屋顶产权人奖励不超过100万元。
甘肃	2015	2015年50万千瓦（其中25万千瓦专门用于光伏扶贫试点县的配套光伏电站项目）。
新疆兵团	2015	至2015年底，兵团规划地面并网光伏电站为1770MW（含第十三师外送300MW），分布式光伏发电项目295MW，光伏微电网项目65MW和2.8MWh储能。至2020年底，兵团规划地面并网光伏电站为3450MW，分布式光伏发电项目1200MW，光伏微电网项目150MW和5.9MWh储能。
贵州	2018	贵州省印发生态扶贫实施方案扩大光伏发电规模20万千瓦，安装储能参与南网调度的光伏电站，每度电能领取0.5元。
云南	2018	安装储能参与南网调度的光伏电站，每度电能领取0.5元。
重庆	2018	巫山、巫溪、奉节三个县试点建成的户用光伏，按照渝扶办发〔2015〕24号文件执行。在20~25年内每年预计为每户贫困户提供2000~3000元的现金收入。对建卡贫困户，市级财政扶贫资金补助8000元/户。对以自然人注册备案的村级电站要及时到相关部门变更注册主体为村集体组织。

来源：根据公开资料整理。

（三）生物质能

为鼓励生物能源积极有序地发展，我国出台的扶持生物质能的财政补贴政策主要涉及以下几个方面：第一，对生物质能实施弹性亏损补贴，以化解石油价格变动对发展生物质能造成的市场风险；第二，对原料积极实施财政补贴，以此鼓励生物质能原料基地的开发建设，确保生物质能的原料供应来源；第三，对生物能源示范企业实施财政补贴。西部地区关于生物质能的相关补贴政策较少，基本按照国家财政补贴的政策要求，如表5-10所示。

表5-10 我国生物质能产业主要财政补贴政策

政策种类	资助方式	相关内容
农村沼气建设	消费者补贴	每户补贴千元左右。

续表

政策种类	资助方式	相关内容
生物能源和生物化工原料基地补助资金	投资补贴	林业原料基地补助标准为 200 元/亩，农业原料基地补助标准原则上为 180 元/亩。
生物燃料生产弹性亏损补贴	生产补贴	在油价低于正常经营保底价后实施亏损补贴。
秸秆能源化利用补助资金。	生产补贴	综合性补助。

来源：根据公开资料整理。

（四）新能源汽车

我国新能源汽车产业中，主要的财政补贴类型为生产环节补贴和消费环节补贴。在这些环节中享受财政补贴的对象包括消费者、企业及地方财政。目前新能源汽车补贴的退坡趋势，双积分政策推广的现状，都预示未来低续航、高燃耗的汽车与性能更加优越的新能源汽车相比，将逐步丧失市场竞争力。企业应不断跟进新能源汽车的补贴政策调整方向，对新能源汽车产业布局进行长远稳定规划。目前西部地区 12 个省（市、区），对新能源汽车产业都有投资规划。除全国最大的汽车产地重庆市以外，四川、广西等均制定了新能源汽车财政补贴政策，立志打造西部新能源汽车生产基地。我国以及西部地区新能源汽车产业主要财政补贴政策如表 5-11、5-12 所示。

表 5-11 我国新能源汽车产业主要财政补贴政策

补贴方式	年份	相关内容
价格补贴	2013	纳入中央财政补贴范围的新能源汽车车型应是符合要求的纯电动汽车、插电式混合动力汽车和燃料电池汽车。消费者按销售价格扣减补贴后支付。燃料电池乘用车补贴标准为 20 万元/辆，燃料电池商用车补贴标准为 50 万元/辆。
	2018	调整新能源汽车的补贴标准，鼓励车企生产高续航里程的车型。以纯电动乘用车为例，取消了续航里程低于 150 公里的车型补贴，最低档补贴金额有所下降，最高档补贴金额有所增加。2017 年购买纯电动车 400km 以上的最多补贴 4.4 万元，2018 则上涨至 5 万元。但续航里程在 150km 以下的，则无法获得补贴。续航里程在 150km 至 300km 内的纯电动车，补贴额度均有 10000 元左右不等的下调。

续表

补贴方式	年份	相关内容
运营补贴	2015	中央财政每年向各地财政部门拨付的成品油价格补助资金将与新能源公交车的推广数量挂钩。如达到各地对新增更换新能源公交车的比例要求的,则补助将按照标准全额拨付,如未能达到推广比例的,将扣减当年应拨付的相应补助。
提高政府采购比例	2014	对政府机关及公共机构购买机动车辆选购新能源汽车的标准进行了规定,目前政府每年采购新能源车的比例应占政府更新车辆的50%。
技术创新工程	2012	新能源汽车产业技术创新工程奖励资金的管理和使用需要参照《新能源汽车产业技术创新财政奖励资金管理暂行办法》。根据该办法,符合条件的企业根据申报指南,可以申报中央财政从节能减排专项资金中安排的奖励资金,财政部会分批拨付奖励资金。

来源:根据公开资料整理。

表5-12 西部地区新能源汽车产业主要财政补贴政策

地区	年份	相关内容
重庆	2018	新能源乘用车补贴标准为:$R \geqslant 300$ 纯电动车型约为同期国家标准的50%,其余车型为同期国家标准的46%;新能源客车补贴标准约为同期国家标准的20%;新能源货车(专用车)补贴标准约为同期国家标准的30%;燃料电池汽车补贴标准约为同期国家标准的40%。
青海	2018	新能源汽车按照国家同期补贴标准1:0.5比例补贴。
云南	2018	对新进入的新能源汽车生产企业进行一次性补助,其中对乘用车企业补贴500万元,对商用车企业补贴200万元。
四川	2017	符合相关规定,纳入工业和信息化部"新能源汽车推广应用工程推荐车型目录"(以下简称"推荐车型目录"),且享受中央财政补贴的新能源汽车,包括纯电动汽车、插电式混合动力(含增程式)汽车和燃料电池汽车,在中央财政补贴基础上,市级财政按中央财政补贴标准的60%给予配套补贴。
甘肃	2018	对符合条件的新能源汽车,省级财政按照调整后的中央财政补贴标准的35%执行,市(州)、县(市、区)财政按照调整后的中央财政补贴标准的15%执行,省、市、县补贴比例总和为中央财政补贴的50%。中央财政和地方财政新能源汽车财政补贴总额不超过购车价款的50%。

续表

地区	年份	相关内容
陕西	2018	对单位和个人购买新能源汽车的，以享受的中央补贴为基数，公共服务领域（包括公交领域，巡游出租车领域，环卫用车、救护车和校车）的单车按1∶0.5给予地方补贴，非公共服务领域的单车按1∶0.3给予地方补贴。

来源：根据公开资料整理。

（六）页岩气

我国对于开发利用页岩气的态度是非常积极的，页岩气产业鼓励性财税政策理念在我国已经基本形成，我国将成为继美国、加拿大之后第三个实现页岩气商业开发的国家。国家陆续出台了一系列的财税政策保障页岩气产业的顺利发展，

西部地区页岩气资源丰富的四川省、湖南省严格执行国家的财政补贴政策，但是由于页岩气勘探开发在我国尚处于初级阶段，技术的不成熟导致开采成本依然过高，特别是2019—2020年补贴金额的下降将在一定程度上影响油气企业的经济收益。具体补贴政策如表5-13所示。

表5-13 我国页岩气产业财政补贴政策

政策类型	时间	政策内容
专项资金	2012	设立页岩气调查评价和勘察国家专项。
财政补贴政策	2012	在页岩气生产阶段，中央财政直接提供给其生产企业财政补贴，2011—2015年的补贴标准为0.4元/立方米。
	2015	"十三五"期间中央财政补贴标准有所下降，2016—2018年为0.3元/立方米，2019—2020年为0.2元/立方米。

二、现行财政补贴政策存在的问题

新能源产业的快速发展得益于国家和各级政府的政策引导和财政的大力扶持，但从新能源发展过程中的一些现象，如弃风弃光、技术落后、小型新能源企业融资难和产能过剩等来看，现行西部地区财税政策还存在很多问题。

（一）财政政策变动频繁，不利于新能源产业积极有序发展

我国关于光伏产业的政策文件频频出台，西部地区根据国家财政补贴政策要求在不断变动调整，补贴标准不稳定，影响了投资者的投资收益，不利于新能源产业积极有序发展。例如光伏政策中国家上网电价补贴的变动较为频繁，西部地区各省的光伏政策差异也比较大。尤其突出的是，2010 年对采用晶体硅组件的太阳示范项目补贴为 9 元/瓦，对采用非晶硅薄膜组件的示范项目补贴为 8 元/瓦，而在 2012 年 1 月和 2013 年上半年的金太阳示范项目补贴分别为 7 元/瓦和 5.5 元/瓦。

西部各省的政策中并没有给出明确的实施细则和监管措施，不仅降低了财税扶持政策的遵从度，而且笼统含糊的规定往往让政策流于形式，不利于光伏产业的发展，极大地影响了投资者对光伏发电产业的信心。

（二）财政政策手段单一，扶持力度有限

目前各级政府对太阳能、风电、生物质能、页岩气等产业的调控手段以补贴在内的财政措施为主，辅以部分税收优惠，对于一些投资抵免、延期纳税等其他手段尝试较少。同时已有的一些措施较为凌乱，缺乏系统性和针对性。财政补贴政策并没有针对产业链的各个过程特点进行相应的调整和设计，导致实际结果不佳。

整体来看，目前西部地区对新能源产业的扶持政策仍相对较少。对新能源产业的投资使用和销售服务投入较少。相比中央政府的扶持政策，地方政府对新能源项目的扶持力度更为有限。例如，风电项目初期投入很大，而实行税收抵扣后，地方政府能从中获得的收益大为减少，风电的快速发展反而加重了地方政府的财政负担。地方政府因为财政紧张的原因，往往不愿对可再生能源项目投入过多资金，也缺乏优先采购的积极性，鼓励和支持力度还不够大。而页岩气产业也存在同样的问题，参照煤层气的售价（1.4~1.6 元/m^3），我国页岩气的补贴（0.3 元/m^3）最多达到售价的 20%，而在美国财政补贴达到了页岩气售价的一半。国外已有经验显示财政补贴是推动页岩气产业发展的重要动力，因此要促进页岩气产业的发展还需要加大财政补贴的力度。参考煤层气的财税优惠政策，至少应将财政补贴占页岩气售价的比例提高到 50%。因此，我国页岩气的扶持力度远远不够。

（三）财政补贴监督机制缺乏，导致新能源产业生命力减弱

政府虽然对风电产业、光电产业、新能源产业等给予了一定的财政投入，

但缺乏相应的监督机制。曾有媒体报道，新疆某大型光伏发电基地在项目建设过程中偷工减料，导致光伏发电基座寿命较短；在全国光伏发电项目审核过程中，也发现不少项目存在为降低成本工程建设投资不足、为抢抓最后补贴期限大幅缩短工程建设周期等问题，最终导致光伏电站建成后无法有效发电，严重影响整个产业的持续健康发展。同时，新能源汽车中也存在一些骗取财政贴息贷款和无偿补贴的案例，导致财政资金浪费，补贴难以有效发挥扶持新能源产业发展的作用。

三、发达国家促进新能源产业发展财政补贴政策

（一）美国扶持新能源产业发展的财政补贴政策

美国对新能源的开发利用给予大量的财政补贴。在2007年，美国《能源独立与安全法》在国会通过，该法规定了该国的清洁能源技术领域未来的投资预算以及金额。2009年，美国经济逐渐复苏，美国专门颁布《美国复苏与再投资法案》，法案的颁布为美国下一阶段的新技术开发和行业的发展奠定了坚实的基础。美国拨款500亿美元用作新能源的研发和效率的提升，其中有64亿美元将用作建设清洁能源新项目。此后，美国还颁发了《美国清洁能源与安全法案》，该法案规定：在2009年到2010年期间所开设的清洁能源项目，并且项目符合美国政府规定的税务减免日期和条件的，政府会按照项目成交价的30%进行补贴，同时还不将其纳入应纳税所得额的范畴内。2013年初，美国相关部门为国内70家中小型公司发放研发奖金，金额高达1050万美元，目的是提高研发技术。近年来，面对世界经济不景气的情况下，政府依然没有降低对清洁能源的扶持力度，每年的预算研发投入总额都在持续增加。

（二）日本扶持新能源产业发展的财政补贴政策

日本政府对各类新能源都十分重视，通过新能源开发立法、技术研发引导，以及大量资金支持等手段扶持新能源的开发利用。例如，日本早在1993年实施的"新阳光计划"中，就为新能源技术的研发提供每年约362亿日元的补助，并且该补助计划可能一直延续到2020年。财政补贴面向研究机构、开发企业以及使用单位，从而推动新能源技术的开发利用。对新能源消费直接给予财政补贴：1997—2004年，日本政府总计投入1230亿日元用于补贴住宅屋顶上安装的太阳能电池板；2008年对住宅使用太阳能发电按9万日元/千瓦的

标准给予家庭用户财政补贴,仅 2008 年该项财政补贴额就达 210 亿日元。1999 年开始对购买新能源汽车进行财政补贴,刺激消费者对其消费。2008 年开始日本对工业、商业、交通等部门引进节能设施、节能项目和节能技术的组织和个人给予财政补贴。

(三) 英国新能源财政补贴政策

财政补贴是英国政府支持新能源发展的主要措施之一。近几年英国在新能源的研发、生产以及消费上投入大量财政资金。2008 年英国颁布了《能源法案》对新能源进行财政补贴。每年英国有大量的财政资金用于新能源投资项目,2009 年英国政府安排了 14 亿英镑的预算资金用于海上风力发电以及与新能源产业发展有关的领域。英国高度重视风力发电的技术发展,于 2010 年 7 月向海上风力技术发展提供了 1000 万英镑的财政补贴。2010 年实施"可再生能源电力强制收购补助计划",对规模小于 500 万瓦的小型太阳能发电系统家庭用户给予 900 英镑的财政补贴,补贴年限不少于 10 年。

(四) 德国新能源财政补贴政策

财政补贴是德国新能源产业发展的强有力的助推器。德国从新能源的研发、生产到消费给予了一系列的财政补贴政策。第一,在新能源研发环节的财政补贴。德国特别重视可再生能源技术的研发,建立了持续资助能源技术研发机制,2008 年起联邦政府每年拨款大约 2 亿欧元用于可再生能源研发。第二,在新能源投入生产环节的财政补贴。在新能源投资补贴方面,德国政府对风力发电投资者直接进行财政补贴。在新能源产出补贴方面,对运营成本不同的运营商给予不同额度的财政补贴。第三,在新能源消费环节的财政补贴。在新能源利用方面,通过给予财政贴息的间接补贴与直接财政补贴并行的方式扶持新能源进入市场,刺激新能源的利用。

四、扶持新能源产业发展的财政补贴政策建议

(一) 保持相对稳定的新能源补贴政策,引导新能源持续发展

技术水平不断提高,规模效应逐渐放大,新能源成本减小,相应的财政补贴标准也应下调。建议新能源财政补贴标准在短期内应保持稳定,长期内按一定比例下调补贴标准。比如,用户侧太阳能发电项目补贴,一年或两年内财政

补贴标准不变,以后补贴标准按 10% 或 15% 比例递减,从而保持财政补贴相对稳定,有利于新能源投资者对未来的收益保持预期,促进新能源积极、有序地发展。

(二) 实施差异化补贴政策,不同类型不同阶段制定不同财政补贴

新能源的类别种类繁多,情况各有不同,应实施差异化细致化的财政补贴。例如,根据目前已知的页岩气资源勘探结果,页岩气资源潜力的页岩分类如图 5-3 所示。不同类型页岩开采技术难度不同、开采成本也不同,国家应当根据不同类型的页岩进行差异化的补贴政策,对地形复杂、开采难度高的地块应该给予更大的支持力度。

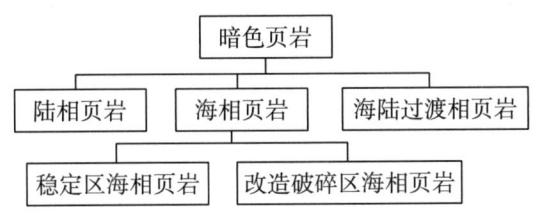

图 5-3 页岩气资源潜力的页岩分类图

同一产业的不同阶段采取不同的政策手段。财政和税收两种政策手段在风电的不同发展阶段应当各有侧重。在风电产业发展初期,需要投入大量资金,企业融资渠道有限,政策的扶持动力主要来自财政资金的补贴;而在风电产业进入一定发展阶段后,企业能够筹措到更多的发展资金,此时应当以税收政策为主,更加强调市场的调节作用,财政补贴可以逐步退出。财政补贴政策集中于风能研究开发阶段,税收政策应主要用于产业化阶段,进入产业化的成熟阶段之后,财政补贴政策应完全退出,税收政策采取较小力度。财政补贴一旦长期化,将扭曲价格信号,扰乱市场运行,同时加剧政府财政收支压力。

(三) 简化财政补贴的申请程序,强化财政补贴监督力度

企业要获得政府财政补贴首先需要向项目所在地财政部门和能源主管部门提出资金申请报告,再经过省级财政和能源部门上报财政部及国家能源局,最后还需要专家对资料进行核实确认无误后才能下发补贴。其需要通过三个政府层级的层层审查才能获得补贴,审批程序过于复杂,政府级别跨度过大,因此建议简化审批程序,缩短审批周期,让企业资金得到及时周转。

在资金下达环节，加强地方政府对新能源项目建设情况的审查力度，保证所有享受补贴的项目都满足规定标准；重视对补贴资金的事后管理，资金下达后，安排监管机构对资金是否下发及时、是否按规定用途使用等进行监督，公开资金使用明细，提升政府工作透明度，使资金在阳光下运行。最后，建立有效的责任问题追究制度，对相关部门的延迟补贴和企业的恶意骗补行为都要严肃处罚，保证资金及时发放到最需要的地方。

第六章 愿景与宏图：西部地区新能源产业发展前景

——以四川省为例

西部地区占据着我国约一半的土地，却只生活着29%的人口，平均人口密度每平方公里在50人以下。西部地区不少城市都是因资源而兴，因为石油、钢铁等资源开发而设立县、市，大多是典型的资源型城市。而资源型城市在资源开发枯竭之后，必然寻求新的产业支撑。西部各省新能源资源禀赋，其中四川省、内蒙古自治区、新疆维吾尔自治区、甘肃省、陕西省是我国新能源最丰富的地区。四川省页岩气资源量和可采储量两项指标均居全国第一，太阳能光伏产业已形成相对完整的产业链，将建立"国家清洁能源示范省"。内蒙古自治区在我国8大风电基地中占有2个，提出要建设全国清洁能源输出基地，强调积极推进煤的清洁利用，将丰富的煤炭资源转化为电力，并与丰富的"风能""太阳能""煤层气""页岩气"等组合后，形成相当规模的清洁能源产品输出。新疆维吾尔自治区提出要建设国家新能源基地，以煤为主要原料生产电能、煤制天然气等，再与较丰富的天然气、风能结合。甘肃省将利用丰富的风能资源、太阳能资源、煤层气发展清洁能源，建设河西"风电走廊"和西部"陆上三峡"，大力发展风电、光伏发电、太阳能、生物质能发电等新型能源产业。陕西省将以转变能源发展方式为主线，有序发展以水电、风电和太阳能为主的新能源。

现阶段，我国西部地区化石能源市场正处于需求强度减弱期、过剩产能消化期、环境制约强化期的三期叠加阶段，同时能源结构调整步伐缓慢，可再生能源有效供给量不足。能源供给侧改革作为供给侧结构性改革的重要内容，对减少煤炭使用量，降低二氧化碳排放强度以及节能减排目标的实现至关重要。以深化供给侧改革推进能源革命，必须下大力气发展光伏发电、风力发电、氢能等新能源产业，拓展能源革命的内涵；充分利用西部地区的资源优势，继续推进光伏、风电、生物质能等项目建设，不断提高新能源在全市能源领域的占比，全力打造"新能源之省"；着力推进互联网、先进信息技术与能源产业深度融合，积极建设"源—网—荷—储"协调发展、集成互补的能源互联网，构建新型能源供给利用体系。因此，发展新能源是西部地区各省能源发展的主要方向，也是西部地区供给侧改革背景下产业转型升级的必然要求。本章以四川省为例，对西部地区新能源产业未来发展目标前景进行展望。

第一节 四川省新能源产业开发情况分析

鉴于地理、气候等环节因素的影响和约束，受制于差异较大的自然禀赋条件，四川省的可再生资源分布构成为丰富的水电资源，富裕的生物质能，富足但难以利用的地热资源，少量的风能和太阳能。因此，四川省具备发展新能源产业的基础，在资源、技术、装备制造和市场等方面具有一定的特色。四川省的新能源产业发展主要聚焦于"太阳能利用、页岩气、生物质能开发、核能开发和新能源装备制造"。

一、主要资源概况

（一）太阳能

四川省太阳能资源分布十分不均衡，大致以龙门山脉、邛崃山脉和大凉山为界，东部较贫乏，西部较丰高，尤其是川西高原，是全省太阳能主要分布区，也是全国太阳能资源较丰富区之一。太阳能资源主要分布在"三州一市"，即甘孜州、阿坝州、凉山州和攀枝花市。根据太阳能年平均辐射总量和日照时数分布利用 GIS 系统模拟计算，初步估算四川省年均太阳能理论蕴藏量约为 2.33×10^{21} 焦耳，其中"三州一市"地区约占全省的 72%。平均每平方米太阳能理论蕴藏量约 1335 千瓦时；"三州一市"地区平均每平方米太阳能理论蕴藏量约 1526 千瓦时。按照太阳辐射量每平方米不低于 5000 兆焦，日照时数不低于 2000 小时的可利用土地（荒地、沙地以及沙化、板结草地等闲置性土地）面积以及每平方公里 3 万千瓦装机规模估算，全省太阳能资源理论可开发量约为 1.05 亿千瓦，实际可开发量约为 4300 万千瓦，考虑太阳能分布式并网光伏发电和热利用等，四川省太阳能资源实际可开发总量折标煤超过 2100 万吨。

(二) 页岩气

四川省总体上贫油富气,石油资源量极少,仅占全国石油资源量的0.002%~0.005%。2016年四川省原油产量为10.8万吨,仅占全国原油产量的0.05%。成品油消费量1350万吨,主要由中石油和中石化供给。但四川省却是全国重要的天然气生产基地,2016年四川省天然气产量为$252×10^8 m^3$,页岩气产量为$34.7×10^8 m^3$,天然气消费量为$170×10^8 m^3$,为天然气输出省。四川省拥有丰富的天然气资源,是我国页岩气资源量最大、开发条件最优的地区,常规气、致密气资源量与页岩气可采资源量合计为$26.45×10^{12} m^3$,资源量和可采资源量均居全国第一。

(三) 风能

在全国的风能资源版图上,包括四川、贵州、甘南、陕西、湘西、岭南在内的地区被划分为四类资源区,即"贫风区"。四川省初步规划开发的风场仅有7个,主要分布在甘、阿、攀、凉地区的山口河谷。大部分地区处在西风带青藏高原东侧形成的"死水区",主要受西风带、东南季风带、西南季风带以及高原季风的影响。每种季风在不同季节产生不同主控区,且相互交融,形成四川省复杂多变的天气特征。其中西北部高原、西南部山区风能资源主要受西南季风影响,北部山区和东部部分区域主要受东南季风影响。另外,大风期主要集中在冬、春两季,恰逢省内河流的枯水期,与水能开发具有天然的互补性;日内风速分布特性也符合电力系统日负荷规律。

(四) 生物质能

四川省是一个生物质原材料丰富的省份,原材料主要聚集在农村,主要包括农作物秸秆、人畜粪便、农村地区生活垃圾、能源种植物四个方面。四川省主要粮食作物为水稻、小麦,主要经济作物为油料。四川省能源作物多种植在贫瘠之地,大多都在偏远的山区农村。一类是发酵制取酒精的薯类、甘蔗、高粱、玉米。一类是以生产柴油为主的油桐(麻风树)。四川省攀西地区早期种植麻风树20余万亩。整个四川省理论种植面积可达700万亩,主要聚集在金沙江、雅砻江及干热河谷部分地区。

二、主要资源开发现状及特色

（一）太阳能产业呈现快速发展

四川省太阳能资源的优势并不突出，但四川省号称中国西部"硅谷"和"光伏第一省"，拥有丰富的产业资源和较为集中的产业基地。在国家新能源政策和省政府的大力支持下，四川省把太阳能产业作为重点发展的新兴产业，产业链日趋完善和壮大。2013年，四川省首个地面大型并网光伏电站——会理县树堡光伏电站顺利建成投运，标志着四川省大型并网光伏电站的开发大幕正式拉开。2015年，世界最大山地光伏项目群首期工程——攀枝花万家山光伏电站，成功并网发电。

（二）页岩气产业呈现大力发展

中国石油于2009年在四川长宁－威远、富顺－永川等地区建立工业化试验区；2010年中国石油勘探开发研究院在长宁地区建立中国第一条页岩气数字标准化剖面；2010年9月10日，西南油气田分公司在四川盆地威远地区开钻中国第一口页岩气评价井（威201井），以获取下古生界志留系龙马溪组和寒武系九老洞组黑色页岩的地化指标、岩矿特征、岩石力学性质等资料，并评价其含油气性。页岩气作为清洁能源的"新贵"，2015年被列为重点发展的四川省高新技术产业之一。现阶段四川省正在充分发挥长宁－威远的国家级页岩气示范区的引领作用，推进川南地区页岩气勘探开发试验区建设，加快核心建产区上产。

（三）风能产业呈现规模化发展

2015年，国家能源局正式批复《四川省凉山州风电基地规划》，规划总装机规模1048.6万千瓦，成为我国西南地区首个千万千瓦级风电基地。同时，四川省在风电设备制造方面也具有一定优势，形成了以风力发电机组为龙头的设备集成体系，整合配套形成了风电设备产业链，研发更高水平的成套设备，供应全国，力争2020年实现风电设备年产值上1000亿元。

（四）生物质能源产业呈现产业化发展

目前，四川省开发利用比较成熟的是林木生物柴油和燃料乙醇，利用麻风树种子提取生物柴油等科研成果已达到国际先进水平,实现产业化。从国内来看,生物发酵是我国生物技术中与国外差距最小的技术,燃料乙醇技术已达到国际先进水平,沼气技术已经应用多年并取得显著成效。目前,攀西金沙江干热河谷地区已建立了 20 余万亩麻风树种植基地,建成了 5000 吨生物柴油生产工艺中试装置;四川省红薯种植面积在全国排首位,以红薯等为原料生产燃料乙醇的技术及产业化开发已取得重要进展,在国内外处于领先地位。四川省还拥有全国唯一的国家级沼气专业研究机构,沼气研究在世界处于领先地位,沼气相关产品已逐渐形成一个独立、快速发展的产业。

(五) 四川核能产业呈现成熟化发展

四川发展核电具备得天独厚的技术和人才优势,早已形成较大规模、自成体系的核工业专业队伍。科研设计方面,我国唯一集核动力科研、实验、设计为一体的中国核动力研究设计院在四川,目前正承担我国多个核电站的设计任务;在常规岛方面有设计经验丰富的西南电力设计院。在制造方面,拥有规模大、成套能力强、质量水平高的制造集团——东方电气集团公司,该集团生产的发电机组、蒸汽发生器、汽轮机等设备参与了岭澳核电站的建设及岭澳二期的设备供货。同时,四川拥有德阳二重、长钢、宜宾核燃料厂等核电设备制造企业,有从原材料供应到成套设备的制造体系。四川核电工业的上下游链连接紧密,就地取材,优势明显。

综上所述,四川新能源产业发展潜力巨大、前景广阔,但是技术、产业链和相关政策等方面还存在诸多障碍,任重而道远,需要政府的积极扶持,需要产业、研究机构等社会各界持之以恒的努力。

第二节 四川省新能源产业未来发展目标

一、四川省新能源产业发展总体思路

按照高质量发展的要求,以供给侧结构性改革为主线,以科技创新和机制改革为动力,加快推动能源发展质量改革、效率改革和动力改革,全面推进能源生产和消费改革,进一步优化能源结构,着力培育能源生产和消费新模式新

业态,着力提升能源普遍服务水平,加快构建清洁低碳、安全高效的能源体系,努力建设能源供应保障有力、能源消费低碳高效、输送体系健全通畅、生态环境和谐友好的国家优质清洁能源基地和国家清洁能源示范省。

立足全省新能源资源优势、经济发展水平以及能源产业结构等,根据市场和行业新形势调整思路,逐步将发展重点从扩大规模转向提升标准、提质增效和技术进步。通过充分发挥比较优势,科学开发,逐步解决新能源发展不平衡、不充分等问题,促进资源优势转向经济优势。通过优化市场配置和科技创新等,为新能源高质量发展提供有力支撑,促进相关产业持续发展。

二、四川省新能源产业发展应具备的特征

从全局性、长期性和战略性综合考虑,四川省新能源产业发展应具备"安全可靠、经济高效、科学调控、科技创新、市场公平、社会共享、合作共赢"七大特征。

(一)坚强有力的安全保障体系

安全保障是新能源高质量发展的基础。应持续推动四川省能源结构调整,科学提高新能源在电力生产和电力消费中的占比;总体把控新能源建设规模,稳中有进。保障电网系统平稳运行,避免出现因装机过快增长导致产业发展不平衡以及弃风弃光等问题,稳步推进风电项目建设,有序推进光伏发电项目建设,大力推进分布式能源发展,积极推进其他形式新能源项目发展。

(二)经济高效的绿色产业体系

经济高效是新能源高质量的根本支撑。应更加注重新能源开发各个环节的发展形态、系统整体效率以及运行运营模式等,加强新能源装备技术引进创新,提升装备制造水平,提高精细化设计,注重产业链条升级,深度融合智能化,不断挖掘开发成本下降潜力空间,降低单位千瓦造价,控制综合厂用电率,着力从高速增长转向高质量增长。

(三)科学精准的治理调控体系

科学调控是新能源高质量的重要保障。应统筹推进新能源与水电、传统能源的开发,避免畸轻畸重、单兵突进,着力优化能源生产和消费结构。加快完善新能源发电全额保障性收购、新能源配额制、新能源电力绿证交易等相关配

套机制以及市场准入、收益保障、能源价格、土地征用等方面相关扶持性政策，完善新能源开发利用目标检测评价制度，多渠道拓展电力消纳与送出，保障新能源健康快速发展。

（四）赶超跨越的科技创新体系

科技创新是新能源高质量的第一动力。应重点支持省内企业和研究机构开展新能源核心技术创新示范和推广应用，多渠道增加科研投入和人才培养，重点开展新型高效低成本风电、太阳能、页岩气、新能源重大装备核心技术攻关。立足四川实际，建立新能源标准体系和管理制度，引领、规范生产和消费过程，加快制定高海拔山地风电、太阳能发电工程技术地方标准。

（五）共享优质的社会服务体系

服务社会是新能源高质量的价值取向。新能源高质量发展应响应四川省"推进绿色发展、建设美丽四川"以及持续推进精准扶贫等重大工作部署，秉持绿色、协调、开放、共享的发展理念。大力发展新能源，不仅能够为社会公众提供绿色电力，还应与生态环境保护、脱贫脱困等惠民工程有机结合。持续推进"光伏＋扶贫""光伏＋生态修复"等新能源综合开发模式，让公众共享新能源发展优质成果。

三、四川省新能源产业发展目标

2020年，四川省将建成全国最大的优质清洁能源基地和能源输送枢纽，新能源利用效率全国领先，新能源高质量发展取得显著成效。到2025年，四川省全面建成国家清洁能源示范省，新能源高质量发展取得丰硕成果，成为国内新能源高质量发展样板，为全国探索经验并发挥示范作用。四川省"十三五"产业发展规划和四川省能源发展战略中提出了四川省新能源高质量发展主要目标。

（一）并网装机规模稳步提高

到2020年，四川省新能源并网装机达到750万千瓦，占电力系统总装机容量的7.5%，占电力消费量不低于3.5%，无弃风弃光。其中，风电建成并网容量约500万千瓦，太阳能发电建成并网容量约250万千瓦。到2025年，全省新能源并网装机达到1600万千瓦，占电力系统总装机容量的12%，占电力消费量不低于5.0%，无弃风弃光。

（二）电站综合利用效率持续显著提高

到2020年，四川省风电项目设备平均利用小时数达到2000小时，光伏发电项目设备平均利用小时数达到1450小时，电站综合系统效率可达到0.83。到2025年，全省风电项目设备平均利用小时数达到2050小时，光伏发电项目设备平均利用小时数达到1500小时，电站综合系统效率可达到0.84。

（三）页岩气勘探开发水平大幅度提高

不断提高四川省页岩气勘探开发水平，到2020年，在四川盆地及其周边实现页岩气产量120亿立方米。到2025年，实现页岩气年产300亿立方米；到2030年实现页岩气年产500亿立方米。

（四）新能源汽车产业水平加速发展

到2020年，四川省实现新能源汽车产业总产值力争突破千亿元大关，产能达30万辆，推广应用新能源汽车10万辆，全省党政机关和公共机构当年购置的新能源汽车占配备更新总量比例达50%，公共服务领域新购车辆新能源汽车占比力争达到70%。规划建设以成都为核心，带动成都平原经济区、辐射全省重点发展节能与新能源汽车的产业发展布局。围绕新能源汽车整车企业，建设全国重要的电池、电机、电控三大核心零部件及关键材料产业基地，并按照节能与新能源汽车生产、销售情况，对全省加气站、充电站（桩）、加氢站建设进行规划布局，加速构建城市内部与城际高速互联互通的配套基础设施服务网络。

（五）助力扶贫效益明显

到2020年，在国家确定的四川省甘孜、阿坝、凉山三州31个县的2494个建档立卡贫困村，以整体推进的方式，实施光伏发电扶贫工程，规划建设集中式光伏扶贫电站160.5万千瓦、分布式光伏扶贫电站（村级联建）5.8万千瓦，保障建档立卡无劳动力贫困户约2.2万户（包含残疾人）每年每人增加收入1000元以上。到2025年，全面推广光伏扶贫、风电扶贫等惠民工程建设，强劲助力精准扶贫工程。

（六）科技成果转化显著提高

到 2020 年，四川省新能源前沿科学技术取得重大突破，超高海拔、低风速、低成本高效率太阳能电池、储能技术等广泛应用，科技成果转化率达到 10% 以上。到 2035 年，全省新能源前沿科学技术进一步发展，争取达到国际先进水平，科技成果转化率达到 30% 以上。

第三节　促进四川省新能源产业发展路径与措施

一、促进四川省新能源产业发展路径

（一）积极推进风电基地建设

以凉山州、攀枝花、广元市等地为主，优化风电开发布局，总量控制，适度开发。根据国家已批准实施的凉山州风电基地规划，进一步优化建设时序，科学有序发展。盆周山地等其他区域因地制宜，适度开发分散式风电。重点突破超高海拔、低风速风电开发关键技术，提高风能利用效率。加强风电项目管理，深化和细化风能资源评估，优化微观选址设计，提升风电设备质量和运行维护水平，促进风电成本下降，减少对生态环境的影响。积极开展试验风电场建设，做好风电场后评估。

（二）因地制宜发展太阳能

以"三州一市"为主，重点支持光伏扶贫项目和技术先进、综合利用率高的光伏发电项目，优先发展分布式光伏发电项目，积极推进光热发电示范项目，努力推动光伏"领跑者"基地和"超级领跑者"基地建设。创新应用产业园区化管理、"光伏+"等多种新型综合开发利用模式，结合精准扶贫、生态修复等热点惠民工程，形成分区域、多层次、立体发展的新格局，实现产业升级，服务城市发展。

（三）加快推进发展页岩气开发

加快推进长宁－威远、富顺－永川等国家级页岩气开发先导示范区的勘探开发；加快非常规天然气勘探开发，以川东北、川中、川西为主加快非常规天然气产能项目建设；重视页岩气配套装备制造业发展，建成页岩气装备制造基地。

（四）积极稳步发展分布式能源

根据四川省能源开发利用现状和分布式能源战略定位，力争全省分布式能源在取得较好示范效果的基础上实现规模化开发，有效支撑全省社会能源消费需求，带动相关产业和地方经济发展。"十三五"期间，主要完成全省分布式能源资源调查和重点布局，确立发展分布式能源的导向机制，建立太阳能风电等新能源分布式开发典型示范项目。在总结示范项目先进经验的基础上，结合智能电网、能源互联网、储能技术等先进技术，因地制宜扩大分布式能源开发规模，初步实现分布式能源规模化开发。

（五）以新能源发展为动力，构建多元能源供应体系

重点建设凉山州、阿坝州、甘孜州风能发电基地；加快在阿坝州、甘孜州、凉山州、攀枝花等地区建设太阳能光伏发电基地，促进集中式与分布式光伏发电协调发展；加强甘孜州、阿坝州等高原地区地热能勘探利用；开展生物质能项目研究建设。

二、促进四川省新能源产业发展措施

（一）合理进行新能源产业布局

四川省应立足新能源产业的技术、人才和市场拓展产业配套能力，促进产业对接，资源共享，互利共赢，争取打造国内一流新能源产业聚集基地。一是在产业组织结构方面，推进企业规模结构优化，促进大企业和中小企业融合发展；二是在产品结构方面，扶持新产品研发，积极发展具有自主知识产权、前景广阔的优势特色产品，优化产品结构；三是在制造基地方面，加大对德阳风电设备制造基地、乐山硅材料基地、双流光伏产业基地的扶持力度；四是四川新能源汽车产业将以纯电动车为主攻方向，以泸州市和成都为先导，其他多个城市为重点，推广应用新能源汽车。合理进行新能源产业集群布局，首先，应

以功能互补、适当错位、集群发展为原则,逐步形成"生产基地与产业园区互补",包括研发初端直至终端产品,纵向产业链和横向配套产业的集群格局。其次,可考虑通过"补链"和培植"延长链"等措施,在新能源产业的上下游形成众多的"链条",把各企业有机整合起来;组织一批"专精特新"中小企业,形成群体优势。

(二)加快新能源产业科技创新

强化新能源企业科技创新主体地位,整合技术、资本、人才、市场等多种要素,依托现有的能源科研力量,鼓励新能源企业、高校及研究机构加强合作,创新新能源科技政策设计,加快形成完整的新能源科技创新体系,统筹推进基础性、综合性、战略性新能源科技研发,新增一批国家级新能源科技创新中心。重点加快长叶片大容量低风速风电机组、高效率低成本光伏发电设备、储能电池技术、风光水互补运行仿真与调度技术、交换电技术、生物质能技术等集成创新,推动大数据在新能源产业全流程各环节的应用,充分发掘数据资源支撑能源创新的潜力,建立安全可信的新能源大数据技术体系与应用示范。建立一批技术创新联盟,以市场为导向加快技术产业化应用,开展一批示范工程建设,提高新能源利用效率,创新新能源应用模式,培育壮大具有全国竞争力的科技创新型能源企业,建立一批能源科技领军人才团队,形成一批有国际影响力的技术标准。

(三)建立促进新能源产业发展的管理机制

一是引导新能源产业发展的宣传教育体系,充分发挥新闻媒体作用,普及新能源知识,增强社会认同感,营造有利于新能源产业发展的舆论氛围。二是加大重大项目的招商引资力度,争取一批技术含量高、市场前景好的新能源项目在川落户。三是健全质量标准和认证制度,建立新能源产品质量检测中心,加强对市场的规范和管理。四是促进新能源产业发展的中介服务体系的完善,搭建新能源中介服务平台,鼓励发展工程建设、技术咨询、信息服务、人才培训为主的中介服务行业。五是加强监督考核,逐步将新能源产业发展情况纳入目标责任考核范围,各有关部门根据职责分工,建立综合协调机制,及时研究解决重大问题。六是加强新能源行业技术、装备、能效等标准体系建设,推进新能源行业统计、监测、预测预警能力建设,建立信息共享平台,构建有利于宏观调控和行业管理的新能源行业统计体系。明确各部门监管职责,完善监管标准、监管规则和监管程序,形成规范有序、公开透明的监管体系。加强重点专项监管和问题监管，促进新能源市场健康持续发展。

（四）实施多元化、多维度、强有力的激励扶持政策

从国际经验来看，新能源初期发展的关键是政策支持，如税收优惠、基金补贴、低息贷款、电价优惠、引导市场开拓等优惠政策。由于新能源现阶段一次性投资较大，国家又尚未形成合理电价的确定机制，使得新能源项目短期内难以获得经济效益，影响金融机构和投资商的投资信心，因而难以做到规模开发和持续滚动发展。新能源的投资方式和融资渠道比较单一，在民间和国际资本市场上的融资能力较低，影响新能源的产品开发、产业化发展，需要加强这方面的专题研究，加大财政支持的力度，财政支持可将再生能源作为重点，调动各级政府发展新能源的积极性，设立新能源投资基金，支持新能源产业的发展。

基于国内外新能源产业政策的实践经验，按照"优势互补，互惠互利，共同发展"的原则，从激励、监管、行业发展和市场服务等维度着手构建四川省新能源产业政策体系（表6-1）。

表6-1 新能源产业政策体系

政策类型		政策关键实践点
推动型政策	规模限定	1. 装机容量设定； 2. 新能源利用比例规划。
	强制性市场准入	1. 实施地区的电力消费中必须有规定比例的可再生能源电力； 2. 实施可再生能源配额制规定； 3. 能源供给企业必须收购可再生能源电力并给予合理的补偿。
	强制性购买	1. 要求电力公司每年必须按"可避免成本"购买可再生能源电力； 2. 电力公司必须按当地售价收购可再生能源电力。
引导政策	投资激励	1. 给予新能源产业投资补贴； 2. 返还一定比例的能源税； 3. 扣除部分资本费用，免征消费税和营业税； 4. 设置投资抵免等措施； 5. 把技术经济性较好、节能效益显著的新能源产品纳入政府采购范围，建立政府推动下的市场需求，拉动对新能源产业的投资需求。
	生产激励	1. 按生产量给予税收返还性质的补贴，支持新能源示范项目； 2. 对新能源产业设置免税区间和低税率，针对不同产业设置税收优惠政策； 3. 增加亏损弥补年限，使用加速折旧。
	价额调控	制定参考价格，调节新能源产品的供给与需求。

续表

政策类型		政策关键实践点
公共服务性引导政策	宣传教育	加大宣传力度,提高公众的绿色认知。
	研发投入	1. 设置"新能源开发利用研究基金",每年投入相应的资金资助新能源产业相关问题; 2. 持续性地投入资金开展新能源的技术创新和应用; 3. 建立国家级实验室和开放性公共研究平台; 4. 构建符合新能源实际特点的评价和认证体系。
	环境属性	1. 制定一个合理的能源税收制度; 2. 以省级政府为主导,积极搭建新能源产业投融资平台; 3. 引导担保机构对中小新能源企业提供融资担保; 4. 完善融资渠道,鼓励新能源建设项目进行 BOT、TOT、PPPS 等多种方式的融资; 5. 明确政府角色,构建战略规划、政策设计、资金支持与监管的政府服务体系。

(五)开拓新能源营销市场

以光伏企业为例,一是光伏企业在努力保持欧盟和美国市场的基础上,要大力开发国内市场和新兴国家市场,如印度、巴西等。二是产品多元化,除了稳固在晶硅电池领域的国际领先地位,还要积极开拓薄膜电池。三是延伸产业链到下游电站,提高抗风险能力。四是实施国际化运作,开放主动参与国际资本、人才、技术、市场等资源的全球化配置体系。

(六)着力推进攀西战略资源综合利用工程

攀西是四川的一个特殊地区,既有丰富的生物质能、太阳能,又具备开发价值的风能资源,把攀西地区建设成为四川新能源开发应用试验区是势在必行。加大对该区域新能源建设的投入,对促进四川经济社会的发展、对西南地区科学合理利用新能源资源特别是对凉山州少数民族地区经济快速发展具有重要作用。

在产业发展过程中,四川省新能源产业的发展模式、市场结构、激励机制等与国家新能源产业一样,将面临长期调整的压力。因此,必须在发展中不断调整新能源产业发展的模式,提升新能源核心技术能力,改革定价机制,充分发挥市场的决定性作用,以政府政策体系的引导、法规体系的创新健全,形成多种推进策略的合力,共同推动四川省新能源产业实现跨越式发展。

参考文献

[1] 卞雅莉. 中国风电设备制造业区域集聚特征分析 [J]. 科技管理研究, 2012, 32 (24): 179-183.

[2] 符正平. 论企业集群的产生条件与形成机制 [J]. 中国工业经济, 2002 (10): 20-26.

[3] 付实. 西部新能源产业自我发展能力量化分析及提升路径 [J]. 经济体制改革, 2015 (3): 188-193.

[4] 郭立伟. 新能源产业集群文献述评 [J]. 经济问题探索, 2016 (12): 184-190.

[5] 李芳, 王芮, 陈玉博. 新能源经济学研究进展 [J]. 中国能源, 2018, 40 (11): 31.

[6] 李孟刚. 中国新能源产业发展与安全报告（2011—2012）[M]. 北京: 社会科学文献出版社, 2012.

[7] 李志学, 吴硕锋, 雷理钊. 我国新能源产业价格补贴政策现状、问题与对策分析 [J]. 价格月刊, 2018 (12): 1-7.

[8] 刘和东, 陶渊. 政产学研协同创新的演化博弈分析 [J]. 科技管理研究, 2016, 36 (8): 8-13.

[9] 吕蕊, 石培基. 河西走廊产业集群发展现状与对策研究 [J]. 中国包装, 2016, 36 (3): 68-71.

[10] 马鸣萧. 产业集群 [M]. 北京: 华夏出版社, 2006.

[11] 孟戈琳. 新形势下四川省太阳能光伏产业发展 [J]. 商, 2014 (22): 253-254.

[12] 彭春凝. 四川新能源产业发展的配套政策法规研究 [J]. 理论与改革, 2014 (5): 83-87.

[13] 秦伟杰. 新能源产业发展中的问题与策略探析 [J]. 统计与管理, 2015 (8): 91-92.

[14] 王朝全, 曾婷. 新能源产业: 四川的机遇、挑战与战略对策 [J]. 西南科

技大学学报（哲学社会科学版），2012，29（5）：10−19.

[15] 项晓艳，殷荣林.特色小镇：产业集群的创新模式——基于长兴县"新能源小镇"创建的几点思考[J].政策瞭望，2017（3）：28−31.

[16] 许凤.新能源产业发展趋势及展望[J].城市开发，2018（19）：48.

[17] 曾凡华.深惠联动打造环大亚湾国际新能源产业集群[J].特区实践与理论，2015（3）：56−59.

[18] 张怀鹏.新能源产业发展的战略思考[J].科技与创新，2015（22）：33.

[19] 张怀文.低碳经济背景下新能源产业集群动力机制和演化路径分析[J].工业技术经济，2016，35（9）：155−160.

[20] 张文良.新能源产业融资困境及应对[J].中国经贸导刊，2015（26）：37−38.

[21] 邹秀萍，徐增让，胥彦玲.德国风电技术创新集群的空间演化机制分析[J].科研管理，2014，35（12）：69−75.

后　　记

新能源产业作为一个年轻的产业，有带动经济发展之需，有能源改革之求，有无穷商机的憧憬，也有发展之路的荆棘。推动、起步、快速发展、泡沫膨胀到低谷的周期循环给我们提供了理性思考的现实与实践基础。本书聚焦西部地区，从不同侧面的逻辑展开分析和阐述，挖掘影响西部地区新能源产业发展的深层次问题，描绘出一幅既尊重现实又超越实践、展现未来发展愿景的绚丽画卷。

本书得到 2018 年四川省社科规划后期资助项目"供给侧改革背景下我国西部地区新能源产业发展研究"（SC18H015）和 2017 年西南石油大学人文社会科学科研专项基金项目"基于供给侧视角的我国新能源产业集群发展模式与机制研究"（2017RW027）的资助。为了深入研究西部地区新能源产业发展现状与存在的问题，课题组走访了国家环境保护部环境工程评估中心、国家统计局、四川省能源局、四川省能源协会、陕西省能源局等相关单位，并多次召开专家研讨会，在此感谢相关地区和部门的领导和专家提供的支持和帮助。本书还得到西南石油大学新能源产业发展与政策创新青年科技创新培育团队（编号：2017CXTD013）的资助，在书稿的形成中，团队成员给予了大力支持，在此表示衷心的感谢。限于学识和水平，书中错漏难免，敬请读者批评指正。

庞　敏

2019 年 3 月于成都